走進倫敦諾丁丘的隱修院

體驗加爾默羅會傳統的祈禱

Upon This Mountain : Prayer in the Carmelite Tradition

瑪麗．麥克瑪修女 Sr. Mary McCormack OCD ◎著
加爾默羅聖衣會◎譯
Sr. Luke OCD ◎攝影

目錄 CONTENTS

目錄 CONTENTS

第四章 默觀的使徒工作

目錄 CONTENTS

與基督建立個人的親密友誼

【推薦序二】王愈榮主教

我們雖然領洗入教多年，或是修道多年，但是沒有人敢說自己一定會祈禱，因此我們也常想和宗徒們一樣，對耶穌說：「老師，請教給我們祈禱，如同若翰教給他的門徒一樣。」於是耶穌教給他們「天主經」（《路加福音》十一章1～4節）。

耶穌自己常離開群眾到山上祈禱，有時徹夜祈禱。但祂和天父說些什麼，我們不得而知，祂的祈禱只有幾次出現在聖史們[1]記載的福音中，例如：七十二門徒出去福傳後歡喜地回來，就在那時刻，

1. 指四部福音的作者。

耶穌因聖神而歡欣說：「父啊！天地的主宰，我稱謝祢，因為祢將這些事瞞住了智慧及明達的人，而啟示給了小孩子……」（《路加福音》十章17～21節）。耶穌在最後晚餐後的大司祭祈禱（《若望福音》十七章），和祂受難前在山園的祈禱（《路加福音》廿二章41～42節），給我們留下了榜樣。

舊約中的聖祖和先知等，也給我們留下了祈禱的範例，不過他們當時常能「面對面」地與天主說話、祈求。如亞巴郎為索多瑪城民的祈禱，梅瑟為固執的猶太民族的祈求。達味聖王為我們留下了大部分的聖詠，為我們教會提供了「每日誦禱」的最美祈禱。聖詠第五十一篇（50）的認罪懺悔，更是教會每週五誦唸的重要悔罪求赦詩。

福音中有聖母的「謝主曲」（《路加福音》一章46～56節）；

西默盎看到嬰孩救主耶穌，雙臂接過來讚美天主的話（《路加福音》二章28～32節）；耶穌在葛法翁時，百夫長為僕人的病，向耶穌所做的祈禱（《瑪竇福音》八章5～13節），還有其他許多向主耶穌祈求的例子。

瑪麗・麥克瑪修女寫了這本書，闡明了加爾默羅會傳統的祈禱。聖衣會修女以祈禱和勞作度默觀的隱修生活，她們傳統的祈禱，不但對修女們有益，對所有的教友也大有幫助。加爾默羅會出了幾位偉大的聖人和聖師，如亞味拉的大德蘭、聖十字若望和里修的小德蘭，這幾位的祈禱生活都是非常多彩多姿的。

真福若望保祿二世教宗[2]曾說：「我邀請默觀生活修會到新興教會內建立他們的團體，好能在非基督徒中間為天主的榮耀和大愛，以及在基督內的合一，做出光輝的見證。這種臨在對非基督徒世界

2. 王主教撰文時，先教宗若望保祿二世已受封為真福。2014 年封聖。

有益，特別是由於默觀生活中所包括的苦行和對『絕對』的探求，在宗教傳統上極重視默觀生活的地區更是如此。」（《救主的使命》通諭69甲）

麥克瑪修女在書中指出：「加爾默羅靈修中最吸引現代人的部分，可以說是特別強調：祈禱經驗是和天主的親密關係。」（八十九頁）「當大德蘭不再強迫自己做慣例式的默想，允許自己只是單純地享有和耶穌基督的友誼時，她終於得到內在的自由。」（四十五頁）

教宗本篤十六世也常強調，基督信徒應該與基督建立親密的關係。他在二〇一一年八月十七日接見教友們時，提到聖奧思定[3]和聖文都拉[4]兩位聖師對天主奧祕的理解。按照兩位聖人的思想，天主的奧祕需要反覆思考，需要經常在我們腦海中迴蕩，而成為我們

3. St. Augustine，四世紀神學家，著有《懺悔錄》。

4. St. Bonaventure，或稱聖文德，中世紀義大利經院哲學神學家與哲學家。

熟悉的事物。教宗再次提到，留出空間同天主建立關係的重要性。他說：「可愛的朋友們，要常保留時間給天主。」同年，教宗為了世界青年日，於八月十八日飛到馬德里，在機場他再次宣稱，他來馬德里是為鼓勵青年們，在這世界裏投身建立天主的國，規勸青年們「與基督建立個人的親密友誼」。

麥克瑪修女在書中為讀者們提出與耶穌建立親密關係——祈禱的方法，正如尤震．麥卡福瑞神父在原英文版序文中所說：「這本書是個邀請，召喚人修行祈禱，達到與基督深度而圓滿的關係，基督居住在我們內，祂召喚我們的，正是達到與祂結合的生命。」（三十四頁）假如我們有的時候，由於疾病、疲勞等無法做默觀祈禱時，可以依照真福若望二十三世教宗說的，用他母親在他嬰孩時代教給他的祈禱文做祈禱。聖女小德蘭也說過，我們在天父前，雖然沒有說話，甚至睡著了，天父看我們也一樣地喜樂。

芎林加爾默羅聖衣會要我為本書寫幾句話，謹遵囑，忝為之序。

【本文作者】

王愈榮主教，一九三一年出生於上海，一九五五年於西班牙馬德里被祝聖為司鐸，一九七五年被祝聖為台中教區主教，曾任輔仁大學董事長。撰文時為台中教區榮休主教、衛道中學暨靜宜大學董事長。

王主教於二〇一八年一月安息。

【推薦序二】 陸達誠神父

「空無所有」的親密感

大德蘭（一五一五～一五八二）和十字若望（一五四二～一五九一）是加爾默羅靈修的作者。他們造就了聖女小德蘭（一八七三～一八九七）、真福聖三麗莎（一八八〇～一九〇六）、聖女艾笛．思坦（一八九一～一九四二）等聖德女性的出現。小德蘭的自傳，清晰易讀。另外四位不這麼好讀，尤其是現象學大師胡賽爾的徒弟聖女思坦的作品。大德蘭和十字若望留給後世的都是大部頭的經典之作，若無專家引領，大概不易深入了解。英人瑪麗．麥克瑪修女的近作《走進倫敦諾丁丘的隱修院》，雖篇幅不多，卻把加爾默羅的靈修要點充分地介紹給讀者。它不衹是一本入門書，還真能領人深入其堂奧。讀這本小書的人會知道，這二位大師把我們引入一條非常簡易的路，它不要我們「多有」，而是「空無所有」，俾在空和無之赤貧之處，我們可與天主有最親密的交往。

麥克瑪修女是倫敦市內一座加爾默羅修女院的院長。由於長期的祈禱、閱讀和從事培育，她已把前述二位聖師的靈修融會貫通，而用自己的言語勾勒出這本撮要。因它簡單樸實，使無暇閱讀大部頭作品的讀者，也能應用該靈修的方法而使祈禱容易起來。

與天主發展親密關係的出發點是，靈修人遇到無法做好默想的情況。作者說：「當大德蘭不再強迫自己做慣例式的默想，允許自己只是單純地享有和耶穌基督的友誼時，她終於得到內在的自由。」（四十五頁）什麼是慣例式的默想呢？這是指一套相當嚴格的規定，使初學者學會心禱。它要求默想者善用記憶、想像、推演、理解、情緒、意志等功能，使人通過祈禱穿上基督。

這類方法是中世紀神師們發揚的。但是祈禱有進程，到某一階段時，上述的默想方法可以變成阻礙。要得到與天主建立親密關係的目的，必須採用默觀的祈禱方法。

默觀與默想最大的不同，不是靈魂的大量活動，也不借助概念經驗，而是直接地與天主來往，像朋友會晤朋友，像慈父會見兒子，在天主和靈魂間空無所有。靈魂只渴望天主，把天主做為焦點，全神貫注地聆聽，毫無保留地開放自己；讓天主長驅直入，讓天主完全自由地在我內行動，讓天主愛，也向天主示愛。這是絕對的親密共融。

分心和各種正負面的情緒免不了還會侵入，不必為之心煩，平靜地轉回來就好了。這些因素反成為我們與主更深結合的契機。修女說有人覺得感覺不到天主的臨在，那是我們沒有回到靈魂最深的內室所致，天主只在那處與我們相會。淺層的我，或帶著面具的我不配與天主談情說愛。當我脫掉假我，剝除一切偽裝，真實的天主才與真實的我交往了。

加爾默羅靈修雖然強調「空」與「無」，但也不全然放棄一些輔助的支援，如注視聖像、默誦聖經中的一句話，虔誠的禮儀等。作者提到大德蘭很愛注視耶穌在山園祈禱中強烈的淒苦形像。可見想像也能協助默觀，與天主意志的結合更不必談了。

作者又說，默觀者不會停留在自己的進益，他們一定會關懷眾生。就像大德蘭說過，她甘願留在煉獄中直至世界末日，只為了救

一個靈魂。而作者也強調，人際關係的深度和強度取決於人和天主的關係；「我們想要從與天主逐漸親密的模式中，學會什麼是人際關係的動力，並如何使之倖存。」（九十二頁）

「『空無所有』的親密感」應能刻劃加爾默羅靈修的特色。據此，靈修人不但可以克服祈禱的瓶頸，更可遁入密契的蹊徑，或許終能踏上神婚的高峰。

【本文作者】
陸達誠神父，耶穌會士，法國巴黎大學哲學博士。輔仁大學宗教學系創系系主任，並職掌耕莘青年寫作會逾三十年餘。關於祈禱、靈修等文章，常見於天主教會內各刊物。二○○六年教授職榮退，現留輔大兼任教職，並任耕莘青年寫作會會長。

加爾默羅會的祈禱，人人可行

【推薦序三】曾慶導神父

有靈修家說：「講『神辨』，應熟悉聖依納爵；講祈禱，應熟悉聖女大德蘭和聖十字若望」。所以，很多人認為，加爾默羅聖衣會的會父、會母關於祈禱的豐富經驗和教導，在教會歷史中，可以說是無出其右的。

但對祈禱生活比較剛起步的人而言，讀聖女大德蘭和聖十字若望的靈修書籍，可能會覺得深奧，因而知難而退，甚至會誤認為自己不是做深度祈禱的料子，沒有辦法進入默觀世界，沒有與天主相遇、結合的神恩。

瑪麗．麥克瑪修女的這本小書，是她給碰到這些困難的讀者很好的幫助。她以多年做加爾默羅隱修女的祈禱經驗，替我們綜合性地介紹了大德蘭和十字若望的教導，使我們覺得，他們的祈禱之路不是不可行的，而是人人可行的。

讀了這本書之後，我們可以喜悅地，充滿信心地去學習大德蘭、十字若望和其他加爾默羅靈修家們，關於祈禱的經典著作，享受到與愛的天主結合的甘飴。

【本文作者】
曾慶導神父，耶穌會士，美國威士頓耶穌會神學院信理神學博士，前天主教輔仁聖博敏神學院院長，專長為信理神學及靈修神學。現任教於聖博敏神學院，並擔任天主教臺灣總修院神師。

外在與內在寂靜

【推薦序四】張達人醫師

我們都知道，俗世與修道最大差別在於，修道者都在生活中堅守靜默，好能更專注於天主；而加爾默羅聖衣會是隱修會，更強調如何降低世俗之喧擾，持守靜默，好能專心且付出更多時間予天主。本書英文書名 *Upon This Mountain* 直譯為「居於此山」，又是位聖衣會[5]修女所著，就可想像，本書所欲宣導的即是透過外在象徵「山與聖衣會」，傳遞人內在的寂靜世界。

我們都有這樣的經驗，處在寂靜的環境中，並不表示內在是寂

5. 加爾默羅會又稱聖衣會，兩個名稱經常並行合用。加爾默羅指的是舊約聖經中先知厄里亞與衆假先知比試大勝的那座山。

靜的，有時反而是更喧鬧的。邁向寂靜的內在，是段辛苦的旅程，本書即是說明這段旅程的經歷。這段經歷一直伴隨著情緒的經驗，它包含著焦慮、憂傷、愁苦、亢奮等等，有時是難以承受的重而無法意識到，只想逃之夭夭。這些不願接受的情緒，常出自過去原生家庭、學校與社會上生活等無法消化的人際或自我衝突，它沒有被遺忘或消失，只是潛抑，隨時會浮出意識面，讓我們無法以真我面對世界，更糟的是會阻擋我們進入內心寂靜。此外，人的本性和欲望，亦會讓我們迷戀於外在引發的感官享受，貪求外在的滿足，避免進入內心寂靜前的神枯「心」苦。

因此內在寂靜的旅程，亦是認清自己的過程，經由不斷在天主前無限的透明自己，好讓天主的愛與生命可無阻礙的流入我們的內在。當然這認清自我的過程就是不斷「接納」真我的旅程，由於我

們有太多「外在」的期待與誘惑，使我們難以忍受失落的痛苦與憂傷，傾向拒絕接納自己，導致仍陷於紛擾的內心世界。

總之，接納自己，就是邁向「內在寂靜」，親近天主的「黑暗與光明」之旅。許多人在追求「內在寂靜」過程時，常因不堪沿途情緒的困擾，不確定的焦慮、「黑暗中虛無的恐慌」等而降於世俗之滿足或暫時的解放，致無法享有「內在寂靜」中，與天主同在的自由與自信之永恆感。如何承受「認清自己」過程中情緒的阻擾，唯有「謙虛及空虛」自己，並祈求天主給予力量，當然如能有神師或至交的指點與分享，將更能達成此目標。

「內在寂靜」是超越形象、感覺、文字及觀念、直抵天主核心，聖衣會的「神婚」就是此終極境界或真實，本書就是告訴我們這條路如何走，它的篇幅不長，卻是字字珠璣。

【本文作者】

張達人，畢業於高雄醫學院，取得美國約翰霍普金斯大學衛生政策與管理碩士，專長為憂鬱症治療、個人及團體心理治療。曾任衛生署玉里醫院院長、衛生署草屯療養院院長、財團法人天主教康泰醫療教育基金會董事長。現任天主教仁慈醫療財團法人執行長。

【推薦序五】周劍梅老師

這是一個邀請

能有機緣接觸到加爾默羅修會的默觀祈禱，對我這個靈修淺薄的平信徒來說，實在是天主極大的恩寵。但是，平心而論，聖女大德蘭和聖十字若望的學理均是靈命經驗的累積，紮實深厚；默觀祈禱更是天主教的靈修寶貝，神秘寧靜。如果沒有適當的指引，入門真的並不很容易。

記得第一次看到這本書的翻譯初稿時，我正研讀完聖女大德蘭的《自傳》[6]、《全德之路》[7]和聖十字若望的《黑夜》[8]，並開始

6. 《聖女大德蘭自傳》簡稱，星火文化。
7. 《聖女大德蘭的全德之路》簡稱，星火文化。
8. 《心靈的黑夜》簡稱，星火文化。

操練默觀祈禱。當時一看此書，就被作者真誠明快的筆觸深深的吸引住；書中的真理更讓我的靈命有深層的體認。我在書上寫得滿滿的心得，又用紅筆、綠筆劃了一大片，感動的語句也用奇異筆抄下，貼在玄關門上，心裡充滿感恩和喜悅。

本書作者瑪麗．麥克瑪修女是一位加爾默羅修會隱修女。她不但參透聖女大德蘭和聖十字若望的理論，再加上近五十年的默觀祈禱經驗，使她在這本書中綻放出珍珠般精闢的見解，幾乎是字字句句直入精髓。雖是一本小書，但卻解人迷津，引人深思。

書中除了導言和跋外，只簡略的分了四章，但每讀一處都可窺見加爾默羅靈修的真實面貌。在導論中，她就直接說出為什麼許多人達不到更成熟的默觀境界：「因為他們不夠慷慨，去回應天主在他們生命的工作。」在祈禱方法上，她告訴我們，兩位大師沒有提

倡一個特別方法，「他們直入祈禱的真正核心：完全敞開地面對自我捨棄的天主。若要使相遇成為純真的，他們指出生活方式中的一些基本要求，又畫出成長達到成熟的路途，引領人達到與天主圓滿的結合。」

加爾默羅靈修中最吸引我們這些渴求遇見天主的人，就是它強調祈禱經驗是人和天主真實的親密關係。在這個部份，作者在第二章做了具體的分析。她清清楚楚的告訴我們，要遇見天主必須認識自己是誰，謙虛的接納自己。「當我們以天主的愛來透視自己的貧窮和時常犯錯，也將之整合成為我們的祈禱，那時，我們終於和自己和好，也變成更純真的人。」她也毫不吝嗇的分享她祈禱進程中所遭遇的分心、乾枯、夜、虛無，和寂靜。最後，作者以默觀的使徒工作做為結束，更是畫龍點睛的指出修行默觀祈禱的人，他們的價值在於有能力服事周圍的人：邀請眾人在祈禱中，進入與天主的深度關係。

默觀祈禱的果實是一顆寬闊而愛人的心，因為天主是愛。當我們在默觀中試圖與祂相遇，祂便慢慢地讓我們釋放自己；允許自己被影響，被更新，被再造。最後當天主的旨意和人的意志合而為一時，祂就已使我們成為愛的共融體。雖然我操練默觀祈禱只有很短的時間，但我察覺出自己在祈禱中漸漸能接受真實的自我，不畏懼自己的不足。

我相信加爾默羅靈修生活不是古老封閉的，只要有智慧，它是能鮮活的存在於現今競爭激烈、講求效率的社會。任何人，只要他有渴求，只要他願意，都能從它得到靈命的豐富。我感謝帶我走上這條祈禱道路的神師，也真心的希望還徘徊在天主庭外的渴望看見

天主的弟兄姐妹，能靜下心，操練默觀祈禱，接受天主的臨在。誠如聖十字若望所說：天主隱藏在我們深處，我們之遇不到祂，理由在於我們不在那裡。

【本文作者】

周劍梅，美國普渡大學教育碩士，從事教育工作近三十年，目前任教於國立科學工業園區實驗高中雙語部。

出自一個第二代教友的家庭，隨著年歲的增長，事物的變遷，體認到小時父母栽下的信仰種子，竟是永遠的依靠，更是畢生的恩寵。一直敬仰聖女小德蘭對天主純潔童稚般的愛與實踐。近年來，研讀了聖女大德蘭和聖十字若望的著作，更加接近加爾默羅修會的靈修。隨著聖女德蘭和聖十字若望的導引，懷著很大的決心開始修行默觀祈禱，希望即使生活在繁忙的世界中，仍可保持心靈的清朗堅定，在所行所言上光榮天主。

【英文版序】 尤震．麥卡福瑞神父

進入寂靜，體驗與基督的結合

這是一本很有深度的書，直入靈修生活的本質。引用作者本人的話說：「如果天主吸引我們深入與祂親密的友誼，那麼，祂所渴望的至極相遇是，真實的我會晤真實的天主。我們祈禱生活中所有的變遷，全都在於揭示這些真實的一或二。」（九十二頁）

這個「雙重看見」（double vision）可以說賦予本書極好的平衡：恩寵與本性；神性與人性；天主和我們。我們能說，作者的訊息是：為了要遇見天主——以純真和有意義的方式；真的遇見祂，必須立足於謙虛的認識我們自己，及我們人的境況。如她所說的：「天主：：沒有意思和一幅面具交往，無論它是多麼虔誠或令人愉悅！」（九十五頁）

像這樣的自我認識，一點也不消極：我們愈認識自己的軟弱、易受傷、心靈的裝扮，如此，那最初以為痛苦的事實，愈會化為真正的解放。作者強調：「人性的脆弱，其本身並非我們和基督間特別友誼的障礙——這是個真理，然而奇怪的是，雖然已有瑪竇、瑪爾谷、路加和若望一致的認定，我們仍一直加以抗拒。」（九十八頁）相反的，我們愈接納自己的真相，在真正純真的層面上，愈能遇見天主（和他人）。

不過，這並非一本只涉及自我認識的書，無論認識自我是如何非有不可——如果在這點上有什麼疑慮，我們只需再讀一下亞味拉

大德蘭說的：「我認為，從天主得到一天謙虛的自我認識，勝過許多天的祈禱。」（《建院記》[9] 5．16）。畢竟，這本書是個邀請，召喚人修行祈禱，達到與基督深度而圓滿的關係。基督居住在我們內，祂召喚我們的，正是達到與祂結合的生命。

作者對此做了相當有洞見的註解：我們認為，與天主結合是我們所要達到的目標，其實卻只是個起點。她說：「我們往往說『達到』結合，或『進入』結合。事實上，結合總是在那裡。」（一一六頁）然而，為何我們認為這麼難達到這個地步呢？因為，如她指出的，天主居住在我們的深處，如果我們找不到祂，那是因為我們不在那裡。因此，她帶我們進入祈禱的奧祕，激發我們的興致，幾乎是一步一步地體驗進入寂靜，這經驗建基於她身為默觀的修女，自己多年的掙扎和堅持。為了我們的內在轉化，及世界的益處，她

9. 《聖女大德蘭的建院記》簡稱，星火文化。

也記述祈禱的豐收。她寫道：「天主的深情熱愛之佔有他，並非只為他個人而已。他必須傳給別人，就像瀑布底下的岩棚，接受急流的第一個衝擊，泡沫四濺，飛散出低段的小瀑布，流瀉遍及下面的岩石。」（一六五頁）

瑪麗．麥克瑪對人性和祈禱生活，具有非常豐富的經驗。身為加爾默羅會隱修女，已逾四十餘載，她長期擔任英國加爾默羅聯合會的主席，且歷任院長職，在陶成年輕修女方面，也身負重任。套用福音的話，我們能說：她「認識人心裏有什麼」（《若望福音》二章25節）。她知道，面對天主的奧祕，要懷有敬畏之情。她吸引我們靠近最重要的這一位——耶穌，祂取了我們的人性，為了和我們分享祂的生命。

這是一本很重要的書，寫得非常美：清晰、明朗又抒情，洋溢

著充滿恩寵的洞見，此洞見係出自一生的祈禱，這祈禱無非就是和天主活生生的關係。

【本文作者】

尤震．麥卡福瑞神父 Eugene McCaffrey OCD，加爾默羅會士，係愛爾蘭都柏林加爾默羅靈修中心成員。長期帶領人進行祈禱、靈修及避靜，著有《愛的旅途》，星火文化出版，乃詮釋聖女大德蘭鉅著《靈心城堡》的極簡導覽。

【作者序】

打開心門迎接祂

「任何尚未開始修行祈禱的人，為了天主的愛，我懇求，不要失掉這麼極大的好事。這裡面沒有什麼好怕的，只有讓人渴慕的。」這話是聖女大德蘭在《自傳》第八章五節的勸言，鼓勵人分享她定時修行祈禱所得的天主恩惠。她肯定所有的福祐之臨於她，「只因為我渴望，且設法得到一個地方和一點時間，好使祂能和我在一起。」（《自傳》8．8）

真的就是這麼樣的單純。無論你的生活可能如何忙碌或緊迫，每天你都能撥出一些時間和空間，讓天主和你同在。只要你騰出時空，祂會完成其餘的。祂會逐漸地吸引你進入和祂的關係，這會帶給你的生命光明、平安和喜樂。沒有祈禱，大德蘭看不出來，祂怎能做到這事，因為門是關閉的。

因此，要打開你的心門，至少每天打開一些時候，容許天主在祂渴望時能臨於你。

瑪麗．麥克瑪修女 Mary McCormack OCD

／會名為聖若瑟的瑪麗修女 Sr. Mary of St. Joseph

導言

祈禱的傳統

人心憧憬著與天主相遇，因而導致探究祈禱的奧祕，這個事實世世代代地延續下來。修會家族的每一代都因此成為探索的一部分，讓我們得再會晤先輩的智慧和洞見。每個新世代對其存在的根據與核心，都貢獻了自己旅途中的經驗。在這條最孤寂的道路上，我們總不會是孤零零的。一路上，我們受到催促，因著「眾多如雲的證人環繞著我們」（《希伯來書》十二章），而得到教導和啟迪。

加爾默羅會的見證

在這些證人當中，加爾默羅會諸聖被視為特別有幫助的證人，鼓勵著路途上的同伴。在旅途的每個階段，他們都能有所貢獻，支持猶豫不決的初學者，以及長途跋涉、歷經風霜的疲倦旅人。亞味拉大德蘭和十字若望，雖然根據先前的傳統著書立論，但他們所講述的，卻是出自個人的親身經歷，而所提出的許多道理，幾乎遍及祈禱生活的每一方面；他們的講述帶有權威，而這是來自生活本身的權威。

十字若望的父親龔撒羅（Gonzalo de Yepes）是一位準備好為愛犧牲一切的人。若望就是這麼一位父親的兒子。由於龔撒羅受拒於家族的人，不許提升他的新娘到自己的社會階級，於是他選擇接納愛妻加琳的貧窮，與她同甘共苦，成為紡織工人。若望即是此一

愛情的果實，也難怪他後來會在《情詩》中寫道：「在完美的愛中，遵奉的是這條法律：愛人者變成相似他所愛的那位[1]」而他認為，天主聖子的話語是祂的父所說的：「我要去尋找我的新娘，親自承擔她的疲累和辛勞，分受她如此的痛苦」（《情詩》7）。當十字若望說到天主對我們的無限大愛時，他只知道溫柔熱情的言語。

綜觀大德蘭自敘的傳記，終其一生，對她而言，友誼的存在和影響是全面滲透的。某些時候，友誼是她陷入危險和心神分散的根源。然而，沒有許許多多不同朋友的鼓舞和支持，她絕對無法革新修會，也承受不了隨之而來的辛勞和艱苦。大德蘭欣悅於朋友的愛，並且給予溫暖的回報，不過，她也明白其中的傷害和挫折。從她寫給朋友的許多信中顯示，她對朋友的行為相當掛心和焦慮，並流露出她的責備和揶揄、信賴和抱怨。毫無疑問地，大德蘭和十字若望之間的友誼鼓勵著彼此，在他們各自走向孤獨的靈修高境時，雖然

1. *Romances*：In perfect love, this law holds: that the lover becomes like the one he loves.

這分情誼是有所抑制的（restrained）。

當大德蘭不再強迫自己做慣例式的默想，允許自己只是單純地享有和耶穌基督的友誼時，她終於得到內在的自由。

祈禱與生活

大德蘭和若望之所以能夠深具信心地教導，最主要的原因是因為他們熟知「認識自我」這個真理。他們的話語具有真實可靠的響聲；最重要的是，他們敢於說明更高祈禱境界的經驗，那幾乎是非言語所能描述的。在他們對靈修教導的貢獻中，最卓越的部分是：為了我們的益處，樂於以自己的方式分享「何謂有意識地生活在與天主的合一中」。如果他們詳述，他們稱之為「神婚」（spiritual marriage）的祈禱等級經驗，那是因為它正說明了先前所有的教導是必要的。他們有意讓我們瞥見靈修生活最豐盈、最深奧的境界，以鼓勵我們願意付出代價。

大德蘭強調，認真度祈禱生活的先決條件是：愛別人、超脫一切及謙虛的自我認識。至於淨化方面的描述，十字若望精闢的論理眾所周知：如果我們要達到，在信德內與天主真實地相遇，那麼我們就得主動地接受、或被動地忍受淨化。他們的講述出自一種靈敏的覺知；他們洞察出，許

多人之所以達不到更成熟的默觀境界，是因為他們不夠慷慨地回應天主在他們生命中的工作。如十字若望在《攀登加爾默羅山》的序言中說的：「可悲的是，看見許多靈魂……仍然繼續以粗劣的方式與天主交往。因為他們不希望，或者不知道如何邁步向前。」（序3）然而，所有的人都蒙受邀請向前邁進，因為天主只渴望把自己傾入我們空虛的心中，攫取我們，帶領我們上達聖三之愛的輝煌奧祕中。

人：尊貴崇高的生命

當我們閱讀大德蘭描述的祈禱之旅時，我們很難計算出她說了多少次：「至尊陛下渴望……」；還有，當《靈歌》中的新娘最後進入神婚時，十字若望一開始註解，即寫出他所有著作中最狂喜的一段，完全專注在神性新郎的喜樂上。他使用相似福音的比喻，證明此乃基督救贖的高峰：「真是美妙可喜的事，看到祂滿心喜悅，肩上背負著已被解救和成全的靈魂，於此衷心渴望的結合中，祂在那裏以手握住靈魂。」（《靈歌》22．1）這要求一種神性的歡慶：「來與我同樂！」

接下來的幾章，針對這位已深入天主奧祕中的人，他所得到的崇高恩惠，十字若望做了詳細的描述。當他試圖描述這無可言喻之境時，一個突發的呼聲油然而生：「靈魂哪！你們之受造和蒙召，

正是為此尊貴偉大！你們在做些什麼呢？你們為何徒耗光陰呢？」（《靈歌》39．7）因此，我們之受造是為了成為尊貴崇高的，我們每個人的生命是尊貴崇高的。生命之存在無非是親密地分享天主的生命和愛。然而靈修上虛假的謙虛意識讓我們誤以為，絕對不可想望任何如此高超的事。我們若因此而渴求卑微、有形之物的滿足——那些東西能擁有更直接的魅力，我們實在很嚴重地欺騙自我。

在加爾默羅會教導的所有淵博寶藏中，正是若望的這些迫切話語，對我成為覺醒的呼喚，以及持續皈化的提醒。在開始介紹加爾默羅會傳統的祈禱時，我之所以引導人注意這件事，是希望這些話能使人培育出喜樂的信仰，相信我們受造的尊貴，也相信我們天主慈惠的邀請。

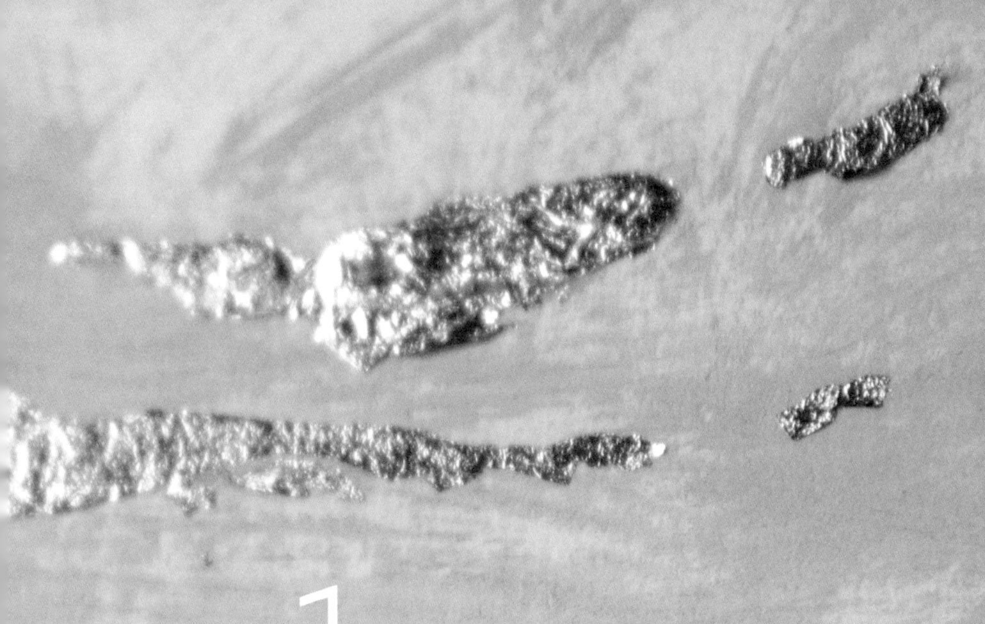

第 1 章

開始祈禱

只有天主的榮耀和光榮居於此山
Upon this mountain there dwells
Only the honor and glory of God .

在十字若望的「加爾默羅山圖」
（見二〇七頁）中，
描繪著靈魂行走天主的旅程，
他把以上的話放在祈禱生活的頂峰[1]。

最終，一切全聚集成如此深奧的單純。
這很值得我們記住，
當人好似面臨選擇各式各樣卓越的祈禱方法時，
所有的重點都聚焦在同一個方向上，
最後達到相同的目標。

1.《攀登加爾默羅山》，十字若望，台北，星火文化，2019，頁40。

用什麼方法祈禱?

對許多人來說，玫瑰經是他們踐行規律祈禱的首要選擇。不斷重覆相同的話語，襯出口禱的背景，那時，人的心思意念入定，留守於接連不斷的奧蹟中。有些人則有其他最愛的禱文，他們慢慢地唸著，使所表達的善情成為自己的。至於以聖經為基礎的祈禱，無論是有系統地默想經文，或現在盛行的修道院讀經法——聖經誦禱（*Lectio Divina*）[2]，都有助於深思天主聖言，因而逐漸達到「基督的心思」。另有一個古代的修行法在近代重新崛起，亦即採用耶穌禱文、或一句禱詞，配合呼吸持續地誦唸，或只是單純地用來召

2. *Lectio Divina*：是來自聖本篤靈修傳統的拉丁術語。參見《輔大神學論集》165 號，「聖經誦禱（*Lectio Divina*）本篤靈修要訣」。

修女們的圖書館

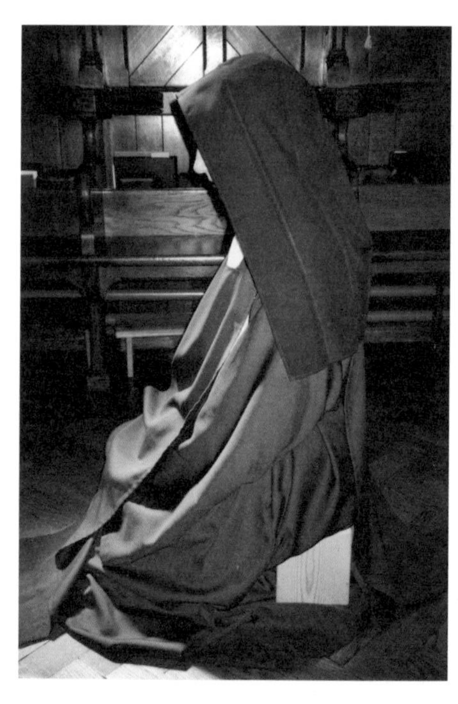

回飄蕩的注意力。在這些祈禱方法中，不管哪一個，只要忠實恆心修持，都會逐漸地單純化，也會慢慢地深入內在的寂靜。

凡轉向加爾默羅諸聖，尋求在祈禱上得到指導的人，往往由於層出不窮的書籍和方法而感到迷惘，因此可能會納悶：是否有個加爾默羅會的方法可使祈禱更容易、更有成果？或者，由於他們在祈禱路上遇到困擾（因為祈禱本來是平安與安慰的來源，現在卻變得困難或沒有回報），他們害怕自己已經迷失了。然而，答案卻令人感到驚訝：亞味拉大德蘭與十字若望——這兩位受人公認的祈禱泰斗，都沒有提倡一個特別的方法。

關於如何度過祈禱的時間，大德蘭在她的著作中說得非常少，若望甚至說得更少。更好說，他們直入祈禱的真正核心：將自己完全敞開地面對自我捨棄的天主。若要使與主相遇成為真實的，他們指出生活方式中的一些基本要求，刻畫出親密關係的成長路徑，引領人達到與天主圓滿的結合。

說到方法，加爾默羅會的傳統容許很大的自由。我們應該向大德蘭學習的第一件事是，懷著信心遵循適合我們的祈禱方法。她在《自傳》中告訴我們，當她面對當時修行的默想架構時，她的掙扎多麼痛苦。這種修行方法清楚地描述在《祈禱與默想》這本書中[3]：默想的祈禱即是辛勤又專注地深思神性的事物，從一點默想到

3. 這個作品是革拉納達（Granada）所著，不過，在大德蘭所處的時代，人們以為是她的好朋友聖伯鐸．亞爾剛大拉（St. Peter Alcantara）寫的。參閱 *The Collected Works of St. Teresa of Avila.* Vols. 2 Washington, D.C.：ICS, 1980, p.489, n.7。

另一點，使內心受到推動，得到對它們的感受和感情。就好像人應該用打火石擦出火花。

大德蘭的觀察相當有意思：「凡能行走此路的人，會有安息和安全」（《全德之路》19．1），但她卻不是當中的一位。她一再哀嘆此一事實：她無法使用想像力以重現福音的場景，她的理智也不能掌握福音的內在論點，飄忽的思想「折磨」她如此之多，使得她要有相當的勇氣方能在祈禱中堅持不懈。

大德蘭的祈禱方式

逐漸地，大德蘭學會讓自己這樣祈禱：就是忠於她對友誼的天賦——和「另一位」同在。「臨在」可以促使她達到理智和想像所不及之處。在《自傳》中，她對我們述說她如何祈禱：「我努力在我內想像基督：我努力做祂的陪伴者：只要我的思想容許，我一直陪伴著祂」（《自傳》9．4）。她弄清楚了，問題不在於想像基督，卻在於以信德專心注意祂的臨在。她解釋，這就好像知道基督和她同在，有如瞎子知道房間內有另一個人在。她也承認，當腦袋不能專注於深思默想時，分心走意是個很大的問題，不過，她也主張，從這樣無形無態的祈禱中，一個人反而更容易進入默觀。為了使思想靜下來，她發現稍做閱讀是很有幫助的；或是有個基督的聖像在她面前，或是觀看大自然的美。

當大德蘭寫《全德之路》時，她確信此一祈禱方式的有效性，也充分明白將這種祈禱方式介紹給自己加爾默羅會內的姊妹，所帶來的益處。凡尚未找到合適的方法開始修行祈禱的人，這是最單純和自然的方式。《全德之路》廿六章中的記述，是她教導的本質核心，一如下述。

相互的臨在和凝視

大德蘭寫道：「既然妳們是單獨的，妳們要盡力找一個伴侶。而還有比教妳們唸這祈禱文的老師更好的伴侶嗎？設想上主親自和妳們在一起……妳們要盡所能地，和這麼好的朋友相守不離。如果妳們習慣有祂在身旁……妳們到處都有祂。」（《全德之路》26．1）我們只是單純地和天主在一起，臨在於祂，因為這是最好的方式，讓天主盡其所願地臨在於我們。大德蘭確信，所有的福祐之臨於她，「只因為我渴望，且設法得到一個地方和一點時間，好使祂能和我在一起。」（《自傳》8．8）

她說：「我並沒有要妳們思想祂，或獲取許多的觀念，或用妳們的理智，做偉大又巧妙的省思；我要求妳們的，無非是注視祂。」（《全德之路》26．3）注視祂，並非意指造設一幅心靈的圖像，而是懷著信德和愛德，把注意力轉向從未片刻不注視我們的祂。關鍵就在於轉移我們的思想和渴望，避開所著迷的其他事務，好能存留在天主的視線之下。

我知道祂愛我

「如果妳們是喜樂的……如果妳們遇有磨難，或悲傷時……」（《全德之路》26．4、5）大德蘭會要我們到主面前，就只是以真實的自我在祂面前。在天主面前，無所謂正確的姿態，也無須必備的態度。當我們前去祈禱時，無論心頭上有什麼，都能使我們在那裡，因為這已經在天主的「大心」上，祂以其真實本體和我們生活在一起。

大德蘭接下來鼓勵我們：「經常和祂談話」（《全德之路》

26．9），並且「請注意，那神性口舌所說的話」（《全德之路》26．10）。我們要非常自由地，用自己的話語和天主交談，自然地分享從我們內湧現的情感。不過，除了述說，有時也必須聆聽。大德蘭向我們保證，當我們達到足夠的靜默時，我們會聽到的第一件事是：我們是被愛的。

同在一起、注視、分享、愛和被愛，這些是大德蘭祈禱方式的要素。她以典型的聊天風格述說祈禱，卻以著名的定義做了個巧妙的總結：「至於心禱，按我的見解，無非是朋友之間親密的分享；意即找時間常常和祂獨處，而我們知道祂是愛我們的。」（《自傳》8．5）神學家漢思．巴爾大撒（Hans Urs Von Balthasar）[4]做此精彩無比的評論：「這個祈禱方式的美妙是，人生在世，它能夠也必會使人和上主擁有個人的接觸。」

4. Hans Urs Von Balthasar, *Prayer*, London: Geoffrey Chapman, 1961, P68.

用聖經祈禱

以祈禱來閱讀聖經，對任何認真的靈修生活而言，都有其堅固的地位，同時也是用來善度心禱時間，最好的可能準備。大德蘭以閱讀來培育她的信仰，要是她能自由地取用聖經，毫無疑問的，這必是她的最愛。一句來自聖經的話語，能整天陪伴我們；我們也會有許多機會在心中反覆深思經句，如同納匝肋的瑪利亞一樣。按

照教會禮儀年曆祈禱，同樣能為我們奠定天主聖言的基礎，並伴隨我們個人的祈禱。

在靜默祈禱的時段中，大德蘭推薦我們，把在我們內的基督重新呈現出來，如同描繪福音中的一個場景。她最愛的場景是，耶穌在革責瑪尼至極痛苦的孤獨事件。她的意思並非要我們想像這個劇情，而是一步步地跟進，反思其中的含意，並從中取得生活的教訓。大德蘭認為，對於受吸引以這種方式祈禱的人，這是個卓越的祈禱方法，雖然她自己完全做不到。她所提倡的是單純地注視上主的直接臨在；祂時時處處居住在我們內。

分心與乾枯時

在這以心注視的單純、不具形式的祈禱中，「重要的不是想得多，而是愛得多」（《城堡》[5] 4．1．7）。然而，如此的單純有其本身的挑戰。到了祈禱的時間結束時，我們能說給自己聽的東西少之又少，因此可能會懷疑，我們是不是該做點什麼有價值的事？其實我們和朋友共處，付出優質的時間，並不一定會有什麼直接、明顯的結果，但是，這確實會逐漸建立起友誼。

大德蘭親身忍受多年的掙扎，力勸我們以很大的決心追求祈禱之路，不要在意分心或乾枯，因為如果不是這樣，她不曉得天主怎能引導我們，使我們獲得祂願意給我們的恩惠。乾枯指的是某種處境——在祈禱中，我們的「感受」彷彿真的枯竭了；我們不感興趣、無聊、靜不下來，寧可去做些別的什麼事。我們努力去撥弄一些熱心，但這也是多餘的，甚至可能會惹得厭惡整個祈禱的修行。所以，不要以祈禱帶來的愉悅和滿足衡量其價值，這是很重要的。事實上，

5.《聖女大德蘭的靈心城堡》簡稱，星火文化。

我們根本就不能衡量祈禱的價值，因為這不是我們能知道的，然而，隨著時間的流逝，如果我們一直忠心於祈禱，祈禱會轉化我們的生命。

乾枯的時期來來去去，分心也常伴隨著我們。大德蘭時常哀嘆，思想的遊蕩防不勝防。她把這事比喻為家裡有個瘋子，怎麼也控制不了，甚至連唸一遍信經的時間也做不到。她看清楚了，如果我們的祈禱不用腦袋做些操練的活動，我們必會受到分心走意的擺布。那我們能怎麼辦呢？

接下來提到的方式有助於好好開始祈禱：採取良好的姿態，這有利於保持靈敏；留意呼吸的律動，此有寧靜的效果。有些人覺察到，視覺上的專注對祈禱有所助益，例如翻開聖經專心閱讀，或注

視一個聖像、蠟燭、花朵，遇有分心時，再回到注視的對象上。有的人則採用一句短誦、或聖經的話語，幫助他們收心斂神。重要的是，不要使勁直接和分心交戰，一覺察到腦袋已經跑掉了，就把注意力轉回到天主的臨在上。我們必須一而再，再而三地這麼做——「如果你不能多做什麼，那就暫停一下，」大德蘭以鼓勵的口吻說——直到這個修行在我們的意識中臻至完美，分心走意的知覺終於變成一種提示，促使我們輕柔地喚回好友——基督——的臨在。其目標不在於腦袋僵硬地專注於天主，而是持續不斷地返回內心。

至於那些不是有點快樂，而是包含強烈情緒的分心，要怎麼辦呢？有時，我們去祈禱時，感到悲傷或生氣、挫折或憂愁。也許是剛發生的一些事壓迫著我們，也可能是在靜默的祈禱中，某些過去沒有解決的痛苦開始浮現出來。此時我們腦袋的情況，根本不算是分心，更好說，是處於當下的祈禱。我們只要單純地把眼睛轉向天主，讓祂觀看整個事實，漸漸地，我們會進入內在深處，而不會受制於外面（情緒）的騷動。

收心與寧靜的祈禱

大德蘭和若望都非常清楚，我們之所以渴望天主，最重要的是，我們是因為天主渴望我們而被喚醒。如果大德蘭

鼓勵我們，要在信德內，把我們的眼睛轉向天主，這是因為天主已經注視著我們，祂就等著我們的答覆，好能和我們一起工作。十字若望說：「如果一個人在尋找天主，他的心愛主更是在尋找他。」（《愛的活焰》3．28）

的確，開始和天主建立關係時，看起來好像全是我們在使勁費力。我們必須預留時間前去祈禱的地方，放開日常事務，留神專注於天主。大德蘭向我們保證，經過修練之後，和天主建立關係會變得更容易，那時，喋喋不休的腦袋，及飄泊不定的想像，會漸漸習慣被叫回來收心斂神，也更容易順服，並容許我們在天主面前保持寧靜。如果我們不屈不撓，直到養成習慣，我們就能隨時待命，聽候天主的行動：吸引我們進入永恆的靜止；在其中，祂渴望把祂自己給我們。

有時在祈禱中，甚或在日常活動中，有個突然的寂靜臨於我們，一份思想上非自願的寧靜來臨，好似腦袋的能力被抓住，置身於神祕的臨在感當中，這是可能發生的。除了答覆這個「向內的溫柔收斂」（《城堡》4．3．3），我們什麼也不想做，如同大德蘭所描述的。這情形不會持續很久，也不能以意志再次捕捉，然而，這往往是祈禱單純化的前奏。大德蘭會說，此乃默觀的開始。

逐漸地，祈禱自成一格，有能力平安地靜息，處於天主臨在的愛之意識中，不想望其他的什麼。話語和觀念讓步給靜默的共融，愛的火焰穩定地燃燒著，如果火焰快熄滅，那時，我們最需要做的是輕輕地吹氣。有時從內心發出讚美和感謝就已足夠。這份對天主的新認知是白白受贈的，甚至不受飄蕩不定的思想擾亂，而最好就是隨它們自行遊蕩。若是用意志使力去掌控，反而只會失去不可名狀的平安；在此平安中，一個人仍能靜息，處在比思想更深的層次裡。

耶穌基督永遠都留在我們親近天主的通路中。大德蘭主張，所有祈禱的起點是基督的至聖人性。然而，如此的專注，也可能成為「單純地注視天主（《城堡》6．7．11）」，或者，如十字若望說的，「對天主充滿愛的留神，不渴望感受或理解任何關於天主的個別事情（光與愛的話語88）」。經過長期祈禱之後，這個默觀性臨在的祈禱，能成為一個人的標準境界，好似不再渴望什麼了。

心靈的黑夜

但是，天主確實渴望更多。祂更進一步地的通傳自我，而這卻能夠成為使我們痛苦的慌亂經驗。對我們而言，所有曾經對天主的

所想和所知，彷彿都失去了；我們或是斷斷續續地，或是長期地處在黑暗和不確定的境況中。我們無法像從前那樣祈禱；我們易於對此有罪惡感，並且探尋天主為何如此捨棄我們的理由。十字若望是處於此「夜」中的可靠嚮導，他的基本原則是，凡我們能知道、感受或經驗到天主的一切，實際上都不是天主本身，因此當我們無法感受和理解什麼時，我們更能靠近天主的奧祕。夜就像天主拿掉遮光物，除去使眼舒服的墨鏡。我們因此陷入黑暗，不是因為光沒有照耀，而是燦爛的光輝使我們的眼「盲」了。

若所追隨的祈禱之路，比較著重於愛而非思想時，我認為，當「愛」好似枯萎和死掉時，這是非常痛苦的，雖然如此，還是可以應用若望所說的基本原則。在常年期第三主日集禱經第二式中[6]，很美地描寫著，十字若望本人幾乎也曾這樣寫過：「全能的天父，祢

6. 譯按：中文彌撒經本只譯出第一式，沒有譯出可替換的第二式。

賜予的愛，總是超越人渴望表達的極限，因為的心比人大。求祢導引我們生活中全部的思想和力量，不要使我們因過失和軟弱的限制，而看不見祢的光榮，或遠離祢應許的平安。」有關天主的知識和愛，遠遠地超越我們的理智和感受所能囊括，因此，在迎向與天主相遇的路上，思想和情緒不能告訴我們什麼，只有信德才適合於此奧祕。

十字若望把這個重要階段比喻為：媽媽給小孩斷奶，使他漸漸習慣結實的食物，以養育他長大成人。我們在早期遇到祈禱乾枯時，必會準備我們以信德和忍耐，等待我們漸漸習慣所被給予的，較不甜蜜，但卻更實質的營養品。當我們學會不再掙扎地尋回覺得已經失去的，那時，我們會開始覺察這份驚人的單純，及天主與我們的合一。

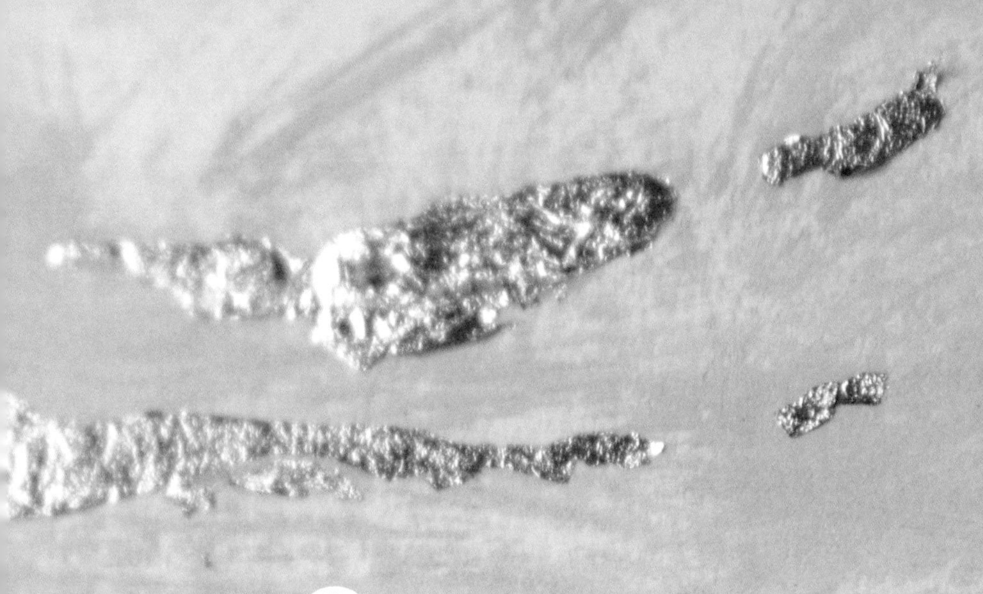

第2章
祈禱是關係

加爾默羅靈修中，最吸引現代人的部分，可以說是特別強調祈禱經驗是和天主的親密關係。大德蘭對祈禱的定義是「朋友間的親密交談」（《自傳》8．5），這已是人人皆知的，不過，在加爾默羅修會家庭中，還有其他的表達方式：對十字若望而言，整個的靈修旅程是加深愛者（天主）與被愛者（靈魂）之間的關係。小德蘭則說，與天主的關係如同滿懷依恃的小孩對著寬容的父親。

聖三麗莎由於內在靜默上獨特的修行，她洞察出與居住在她內的聖三有親密的關係。艾笛．思坦（Edith Stein）[1]對自己的內修生活雖然說得很少，但顯然地，她迎向死亡的勇氣和確信，係根植於她與被釘基督的個人關係。

1. 德籍猶太裔現象學哲學家，加爾默羅會會士。一九四二年於奧斯威辛集中營的毒氣室致命。一九八八年封聖。

人與天主的關係

相互關係是每個人生命中最重要的因素，足以決定我們早期的發展及長大臻至成熟的能力。我們最深的喜樂和悲傷的經驗，來自我們與人的互動，如果我們有安全和滿意的人際關係，通常都能承受得了所有的窘境。我們的時代，在人際關係的領域中，滿是問題和危機，而加爾默羅靈修，以可靠的指導，帶領人走上與天主的親密友誼，確實對此領域有所貢獻。我們習慣以人間友誼做為類比，從而解釋祈禱生活中發生的事。話雖如此，但或許反而是，我們想要從與天主逐漸親密的模式中，學會什麼是人際關係的動力，以及

如何使之倖存！我們擁有加爾默羅會所教導的整個寶藏，這些教導畫出此一天人關係的圖表：從人首次有意識地答覆天主的啟蒙，一直到如此深奧的愛之結合，這人因此神化為天主。這個靈修冒險之旅的全程，無非就是天人關係的發展。

真我V.S.天主／假我V.S.天主[2]

天主之造生我們，是為了要和我們共融，當我們領洗時，祂開始了彼此間相互的關係。如果天主吸引我們深入與祂的親密友誼，那麼，祂所渴望的最至極的相遇是：「真實的我」會晤「真實的天主」。我們祈禱生活中所有的變遷，全都在於揭示這些真實的一或二。天主和我們的關係，若是建立在我們無意識的面具和角色的層面，對天主而言，這是不夠的；同樣，天主也不會滿足於我們透過

2. 譯按：本章原標題為 Person or persona，直譯是「人格和面具」。

形像和觀念來認識祂，無論那些形像和觀念如何高貴和微妙。祂會帶領我們進入更深、更遠，一直到我們謙虛地觸及自己存有的真實面，最後，我們終於能夠在天主存有的至真實中，承受和祂的相遇。

不可避免地，在認真度靈修生活的初步階段，我們會在天主前採取某種態度。不知不覺，我們內心浮現的是自己所期望或覺得可以被接受的樣貌，有如我們在他人面前時。我們也會對著一位理想的天主祈禱，這分理想是出自我們的生活經驗，可能源自父母親、其他權威人物，或者受到學校、教會教導的影響。藉著逐漸熟知聖經中的基督，再加上祈禱中，天主以我們能接受的程度，親自通傳祂自己，如此會逐漸地灌輸和加深我們對天主的觀念；不過，這仍然只是觀念，帶有無意識的投射和期待。

然後，某些非常擾亂人的事發生了。天主開始表露祂沒有意思和一幅面具交往，無論它是多麼虔誠或令人愉悅！祂希望和真實的我們來往。當祂更深地得到我們的存有時，祂到達我們內在的隱密處，把我們想要隱藏的黑暗、痛苦和不安全帶到意識的層面。如此無須遭受慘痛的生命傷害，我們也會自找相當的負面效應，或自行躲在籓籬後過日子：我們硬是要與人保持安全距離，則也會使我們和天主分離。

「體面的」木頭

我們都深切企盼有人認識和喜愛真正的我們，然而，我們卻又確信，「沒有人」能愛真正的我們，因此，在隱瞞和表白自我之間，我們分崩離析。無論如何，處在靜默的祈禱中，我們變得更加難於隱藏自我。種種遭埋葬和遺忘的事物，開始浮現出來，我們能夠覺察，自己被情緒的狂風暴雨緊緊抓住；它猛烈地壓倒我們，也以看似不成熟的外表驚嚇別人。十字若望對此有個完美的比喻：著火的木頭。當木頭被放在火爐中，外表看來是個體面完美的木頭（好一個用來燃起大火的東西！）然而，一旦著起火來，整個外表開始不再好看：木頭變黑、冒煙、發出令人難受的氣味，並且劈啪作響。

這是多數人會有的混亂。在靈修的道路上走不了太遠，他們就會自覺彷彿比從前更糟，比對自己曾有過的認識還糟糕。根據十字若望的解釋，其實這火驅逐所有阻止木頭燃燒的因素，並使木頭焚化為火。重要的是，從一開始就要辨識出，被趕走的不是軟弱和不成全本身，而是否認這些事實的虛假。人性的脆弱並非我們和基督之間特別友誼的障礙——這是個真理，然而奇怪的是，雖然已有瑪竇、瑪爾谷、路加和若望[3]一致的認定，我們仍然一直加以抗拒。

向內、更深、更黑暗

除了「自我認識」的這份惱人的成長，我們也會發現，自己已經無法按過去的相同方式和天主連結；祂的臨在不再是安慰，而是遙遠又沒有回應。祂把這個關係真真實實地帶到另一個境界。在《靈歌》第一章中，十字若望針對我們近乎失望的疑問——天主到哪裡去了——回答我們：天主隱藏在人的深處。如果問「為什麼是這

3. 四部福音的作者，意思是四部福音都記載了耶穌教導的真理。

樣」，那就好像，我們沒有和在自己內的這位天主相遇。十字若望回答說，天主隱藏在我們的「深處」，我們之遇不到祂，理由在於「我們」不在那裡。我們傾向於在表面層次的生活和祈禱，因為向內的旅程，會更清楚地曝露潛伏其中的恐懼、焦慮的陰影。然而，在「那裡」，天主等著我們；就在「那裡」，天主愛我們：正是在那裡，那個我們以為沒有人真能到達的「那裡」。

當彼此的關係愈來愈真實時，這個修正方式——即關於我們自己的真相，及我們對天主的看法：天主是誰？天主在哪裡？——會傾向深入又深入的層次。往往，這也會因環境因素使我們突然陷於混亂，並挑戰我們對自我身分及天主的覺知，例如，經驗到失敗或損失，疾病或生離死別。這些「黑夜」絕不會是單純屬靈的事。當主要的生活有了改變，例如入會修道、結婚、成為父母親等等，這

些都包括許多層面上的損失，甚至可能比過去以自我為中心的日子更勝一籌。

因此，處在那樣的時刻，對自我的認識常會引發新的危機。我認為，在聖三麗莎的初學期，我們可以得到這個印證。她先前的神師華立神父（Fr. Vallee），在她迷惘又用心過度的初學時期，幾乎認不出這位曾經認識的熱心女孩。經過這段時期後，在她的信件中，某些造作開始消失；麗莎成為一位更健壯的人，更確定她的道路。

和已埋葬的自我相遇

十字若望在敘述感官黑夜的結尾時，他說：「在此階段，有些『魔』能攻擊人：邪淫之魔、褻瀆之魔及昏神」（參閱《黑夜》

1·14）。按現代心理學的看法，我們比較少把這些麻煩歸於惡神，那些是我們自己內的「惡鬼」（demons）。我們在內那些無法被自己接受的部分，被小心地隱藏起來了。邪淫之魔：由於長期孤獨和情緒的饑餓，所呈現出來的結果再加上實際戀愛的經驗，能激起性欲需求的強烈騷動，彷彿要滅掉屬靈的生活。褻瀆之魔：已埋葬的氣忿能夠浮現，憤怒地反對不再符合我們理想的天主。

小德蘭描述自己遭遇信德的考驗時，她很怕自己「可能說出褻瀆的話」。她借用罪人的說詞，將這些折磨她的疑慮歸咎於「黑暗」[4]，然而，很可能她所聽到的只是自己的聲音。由於覺察自己才二十四歲就得了不治之症，這個驚嚇足以使沉睡於內的疑惑覺醒，或者也可能，她感到被迫去質疑自己的信仰。昏神：十字若望所說的是一種焦慮的境況。

4. *Story of A Soul: The Autobiography of Saint Therese of Lisieux*, Washington, DC: ICS, 1996, p. 213.《聖女小德蘭回憶錄》，光啓文化。

或許在今日，我們的焦慮有著不同的形式，但不是那種良心不安的顧慮。現代的「不安」（angst）及其危機，是傾向與信仰、聖召和人生意義等問題相關。而與若望的說法相似的是，這些問題既無法被解答，也無法被平息。

處理這些突襲，我們不能不涉及自身內某些非常基本的真實——特別是我們修道人——也不能不拋棄許多的幻想。大德蘭常說到必須認識自我，她總是把認識自我和謙虛連在一起。事實上，謙虛就是認識自我。謙虛「humility」這個英文字，源自拉丁文的「*humus*」，意思是「土地」。謙虛即是植根在我們存有的土地上，

建基在「我們是誰」的這個真實上。如大德蘭說的：「謙虛即是在真理中行走」（《城堡》6．10．7）。她主張，對自己瞬間的謙虛洞見，比許多小時的祈禱更有價值（參閱《建院記》5．16）。因為，除非我們認識自己是誰，否則的話，無論我們耗費多少時間祈禱，也決不會以真正的自我和天主建立關係。

「認識自我」的光明

面對過失和軟弱時，只要我們抗拒這個「認識」，就會很痛苦。可是，一旦能承認並接受這些真的比較不可愛的部分，我們會了解，它們一點也不會使我們和天主分離。那是祂早已認識我們的樣子，只有當我們拒絕以同樣清楚的光明認識自己時，才會阻礙我們和祂的友誼。當我們能以天主的愛來透視自己的貧窮和時常犯錯，也能將之整合成為我們的祈禱時，我們終於和自己和好，也變成更純真的人。結果，我們和其他人的關係，變得更加透明和真誠，也更能讓他們做真正的自己。這就是我們個人在基督內得到救贖的緩慢工作。

這個過程的導向在於，使我們從「自我認識」的虛假形像中獲得釋放，有時也會從對天主特別強烈的有限觀念中獲得釋放。這些決定性的重點之一觸及心靈之夜的一面。

接受我們自己的缺陷——我們的黑暗、不可愛的自我，並向天主敞開傷處，尋求治癒時，這是一回事；而當我們被帶領，達到辨識出所有我們認為好的（我們的受人賞識、我們能有所貢獻的天賦和良質、由於我們的努力和犧牲而完成的工作等等）全是虛空的時候，則又是另一回事。

天主的行動，通常一再地透過生活的環境揭露我們自我保護、自私自利的動機，這些往往潛藏在我們所做的，最好事情的背後，那麼，天主這樣的行動對我們真是剝除的動作了。這也是認同自我的最深挑戰，甚至能夠讓人感覺彷彿是滅絕（annihilation）一般。此乃應驗了我們的「虛無、虛無、虛無」（nada, nada, nada）[5]。也許我們能夠抗拒，也許能撈回一些殘餘；然而，到了最後，面對這個被剝除的自我，我們還是無助的。

一旦這個燒灼的光明貫穿我們內裡最深之處，我們再不能好像沒有看見。我們只能同意，愈來愈生活在那個光明中：知道我們是赤裸的，並非隱藏的。

自由地喚醒我們進入祂的奧祕，在其中，我們找到自己的奧祕，兩者合而為一。那看似死亡的，其實是生命真正的開始。

5. 在十字若望著名的「加爾默羅山圖」中（見 207 頁），他描述攀登此山的道路為「nada, nada, nada」，意即這條道路是除掉所有不是天主的一切。

SOROR·MARIA·A
DIE 17·
DIE 29·
MONACHA·

與天主合而為一

在這條最黑暗的漫漫長路上，這光明一直使我們看不見，這或許是天主不再回應我們給祂的任何名稱、任何我們所熟悉的有關祂的方式：「甚至在山上也是虛無」。這時，我們的疑問：「祢隱藏在哪裡？」（〈靈歌〉，第一詩節）很可能成為「祢為什麼捨棄了我？」（《瑪竇福音》廿七章46節）這是真實地進入基督至極的空虛自己（kenosis），是參與祂的死亡，預期我們自己的死亡，也是和我們先前所知的萬物決裂。在盡除所有能緊握——關於天主或我們自己——的空無當中（天主不是我們的視力所能容納的），天主終於能自由地喚醒我們進入祂的奧祕，在其中，我們找到自己的奧祕，兩者合而為一。那看似死亡的，其實是生命真正的開始。

當實質的自我（essential self）和天主的實質（essence of God）之間不再有障礙時，那裡就是結合。由於我們以人性之愛的畫面來描述，我們往往說「達到」結合，或「進入」結合，事實上，結合總是在那裡。天主造生我們，以此表達祂是誰。罪惡的虛偽掩蓋了這個真理，講理的腦袋使之複雜，內心的切望產生分離的幻想。然而，在全然單純的靜止中，我們和天主合而為一，因為祂已經決定要和我們合一。

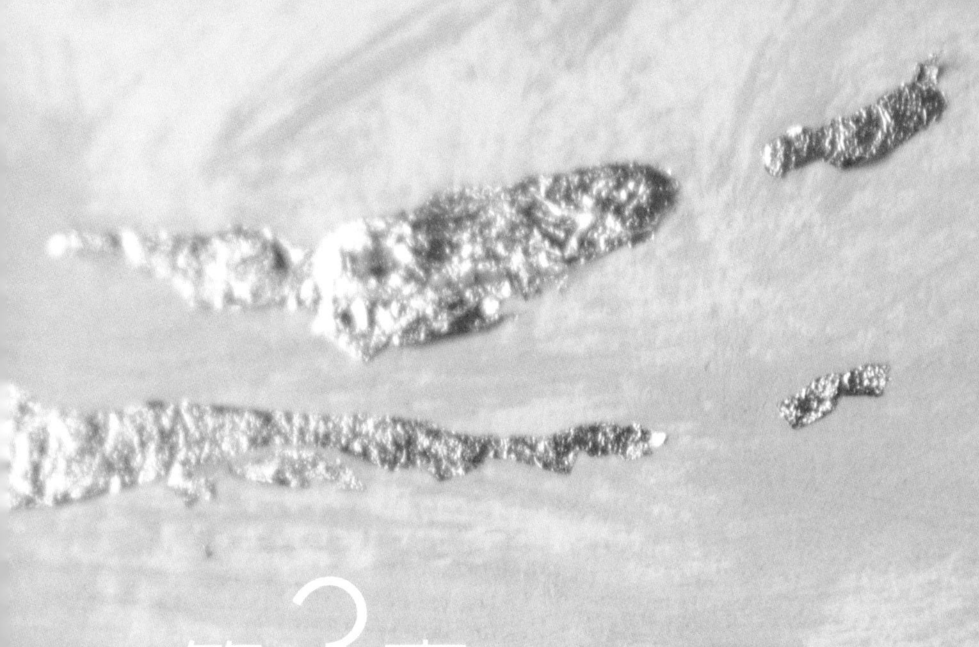

第3章
進入寂靜

曾有人問我，今天我怎樣祈禱，要我分享我的看法。針對這個問題，我的簡短答覆是：這取決於今天所發生的事。

祈禱和生活是分不開的，而且也只能這樣，生活愈改進，祈禱則愈深入。有可能正因為如此，早期傳統的「祈禱方法」通常始於「省察良心」。只是很不幸地，「省察良心」這個語詞，已經和罪惡感、焦慮的自我檢視掛鉤。但是，由於那些作者是有祈禱經驗的人，他們幾乎都不曾建議，要我們在靠近天主之前，先「潔淨我們的行動」。理所當然，他們的寫作係出於自己的靈修素養，並運用他們的話語；不過，我認為，這種表達之下蘊含著，若要與天主建立純真的關係，必須立足於「我們是誰」這個真理之上。

有意識地進入寂靜

的確，我認為祈禱的起始必須有片刻的自我覺知：承認在那當下，自己有何心境——平安……煩惱……不安……喜樂……心不在焉……生氣……滿腹疑慮……。無論是什麼心情，這正是我帶入祈禱的，除非從一開始就完全承認和接受，否則必會有一種微妙的暗流，拉扯我們專注祈禱後的下一個小時。

我覺察到，在清晨，進入這個單純的覺知較為容易，睡眠的淡忘化解了雜亂的思絮，嶄新的一天處處展現，有如未經踩踏的雪地。到了黃昏，當許多的事情造成種種的印象和反應時，就會呈現數不清的巧思妙想，因而會有危險陷入其中之一：分析某個處境、理清一個問題、或對任何浮現的事，來一段強烈又內在的對談。不過，這樣還是比較好的，勝過不面對問題而引起的曖昧分心（儘管好心好意地努力收斂，如此不清不楚的分心走意，仍會持續不斷，占有全部的祈禱時間）。無論如何，基本的

觀念是承認當下的境況，單純地容許這樣，不要求事情應該有所不同。這份容許，是邁向寂靜的第一步。

我們團體中有位長者告訴我，有位帶領避靜者曾問她如何祈禱，她解釋說：「我以聆聽聖堂的靜默做為開始」，此乃真實立足於當下的另一方式。對我而言，這是邁向寂靜的第二步。我先把自己安置在無靠背的祈禱座位，或樹墩上，開始檢視我的裡面有些什麼，我停下來吸收一下聖堂的靜默，或花園中令人心悸的靜謐，藉此抵消遠處喧嘩的車聲，或腦袋裡某個計劃的咆哮。完全處在當下的時空中，我覺察出自己呼吸的韻律。我在靜默中呼吸——以呼吸融入靜默中——與靜默合一，也與周圍受造的世界合一。我常是慢慢地反覆聖經的一句話，或取自當天的讀經，或採用單純的一句「阿爸，父啊」，不是把這話當作一句真言[1]，而是進入祈禱的最後收斂。

1. 真言，或稱曼怛羅（mantra）：印度教和佛教的咒語，或音節，或一詞，也有成句者；據信具有神祕的或精神上的力量。或是高聲朗誦，或是心中默唸；有的一再重複，有的只念一次。多數並無明顯的言詞意義，但被認為具有深刻的寓意，為智慧的精華。反複誦念曼怛羅可在信徒心中產生一種恍惚狀態，並引導他到達更高一層的精神領悟。廣泛使用的曼怛羅有印度教的「唵」和藏傳佛教的「嗡嘛呢叭咪吽」。取自大英袖珍百科（繁體中文版）

超越觀念和形像

長久以來，十字若望一直是我祈禱的嚮導。他的「以愛注視天主，卻不渴望感受或理解任何關於祂的個別事物」（《光與愛的話語》88）是我慣常的默觀修行。長年的掙扎與黑暗期間，我終於學會放開所有的一切。當處在驚心的混亂時期，引導我祈禱的每一個對天主的觀念，完全枯萎凋謝；用以希望和渴望達及天主的每個內在動作，都被打回來。我變得如此無能為力，在祈禱的時間，我就只能「存在」。到頭來，甚至沒有半點蛛絲馬跡可以讓你或我認同這是祈禱。完全的黑暗，及心靈的動彈不得，彷彿內在的死亡瀰漫所有的一切。我甚至停止抗議。

很慢，很慢（在此我無法言喻），我才明瞭，在我原生的本體和天主絕對的本體之間，我是徹底的虛無。我明白了，任何有關天

主的觀念，不是傳達，而是遮蔽天主；我的達及天主，也只不過使我離開祂的直接臨在。這需要時間來調適。對天主的這個新認知，我的最初體驗是深奧的孤獨。對這麼靠近的天主，很難有些什麼看法。我希望祂稍微「在那邊」一點，好使我能達及並碰觸祂的衣邊。在惶惑中，我的心有時會喊叫：「如果合一是如此緊密，怎能有相互關係呢？」

我之認清如同我全被認清

如今，在面臨無法觸摸，又把握不了的個人祈禱時，那正當地使用聖像和象徵的禮儀，成為一種需要和愉悅。當我在祈禱中順服了天主的靜默，我感到聖經中天主的話語愈來愈有生命力。逐漸地，我辨識出來，像那樣不成形的祈禱時刻，具有一種實質的內涵，深

深地令我滿足，並且支持我。在我對生活的回憶中，我覺知到它所產生的效果。多瑪斯．牟敦（Thomas Merton）[2]稱這是一種「深沉又隱密的自私，由於太靠近我們，而無法予以認同。」經過許多年被無情地曝露在無助的黑暗中，接下來是以比較溫和的方式，使我繼續面臨探測和挑戰。

老是駕馭我的「內在規則」開始讓步，被一些更自由和純真的東西取代。當我學會忍受祈禱中的「不知」（unknowing）時，在面對這個變化多端的時代，關於人類生存的問題和困惑，我變得比較輕鬆自在些。在生活的事事物物中，我不需費力就能意識到一種與天主單純的合一，同時，我也開始意識到，自己與其他的人、和

2. Thomas Merton, *Seeds of Contemplation*, London: The Catholic Book Club, 1950, p. 172.《默觀生活探祕》，光啓文化。

所有受造界合而為一。十字若望描述這種靜默的共融時，這樣地祈禱：「那麼，天主既然是施予者，藉著單純和愛的認識與靈魂交往，這個領受者，也藉著單純和愛的認識或注視，與天主交往。」（《愛的活焰》3．34）這是不是指聖保祿所說的「我之認清如同我全被認清」（參閱《格林多前書》十三章12節）？

接受「虛無」

我所說的是不斷前進的過程，（雖然我一直以過去式的語法來寫），因為這樣比較容易吻合我所回想的廣泛行動，也不會局限在目前成長生活中來來去去的事上。我的初學導師對我說過最有用的事情之一就是，任何的祈禱狀態通常都停留不久。面對著想要加以描述，卻又顯然捉摸不定的祈禱時，我發覺，這句話再次得到印證。

確實是這樣，由於祈禱的單純性，有時能夠令人捉摸不清。所掌握的簡直就是「虛無」，而留守空無是很困難的。我已明白了，即使探尋之後所得到的只是捉摸不定（而這個祈禱的狀況正是如此），所能做的也只有接受。「去探索」即是立刻為個人設立界限，設下形式、名稱、限度，因此所造設出來的祈禱，完全不是天主賜予的無邊無際的單純。十字若望建議，甚至修行「愛的注視」時，有時也應該予以擱置一旁；在完全白白賜恩的天主面前，無論這是多麼細微的一個思想，都能夠成為過分賣力的動作（參閱《愛的活焰》3．35）。

問題在於人的本性（至少我就是如此）很難放開所有的操控，而只單純地接受。活躍的腦袋、饑餓的內心，傾向於持續不斷地搜尋，沒有顧及心靈其實已經抵達也已滿足。因此，分心走意蜂擁而來，侷促不安四起。我往往必須再重回起點，覺察自己裡面是怎麼

回事：地方……呼吸……言語……。這時，麻煩的是，靜下來的過程很類似臨睡前的情況。驢弟兄有時太快竊聽訊號（譯按，聖方濟給自己的身體取了這個綽號，這裡指身體以為睡覺時間到了），一小時的祈禱，能夠化為頻頻點頭的時段！然而，正由於相同的訊號，我發覺，夜晚睡前的片刻常是一天中最好的祈禱時間。同樣，我也注意到，即使在祈禱的時間，我無法沉靜下來，但當我置身於日常工作，卻能輕易地沉入寂靜。

藉著分心祈禱

在祈禱的時間內分心是一種情況，但是，另有一種分心的「狀態」，我認為，處在這個狀態中，會使人連開始祈禱的第一步也跨不出去。當情緒高漲時，比較容易陷入個人的感受中，而非充分地

留步去承認和接受。讓情緒單純地「存在」，已經要求某一程度的超脫情緒，這是我還不太能辦到的。同樣，這些情緒也很能夠是一種愉悅的擾亂、興奮或期待的感受、令人著迷的計劃——就像寫這本書——讓我好多天飄浮在祈禱的邊緣。儘管有基本上的渴望，我好似不太能夠或樂意，完全地放下目前的重要事情，專心留神，進入等待我的寂靜。

此外，還有實際上的抗拒。有時，我覺察出來，即使我的腦袋是寧靜的，也會漫無目標四處遊蕩，隱約地避開寂靜的地方——這是生命達到最圓滿的寂靜，然而，在靠近時，看來彷彿總是一片荒涼。不過，這個抗拒是沒有什麼道理的，一旦加以留意，很容易就可以克服。至於另外一種是完全非自願的抗拒（completely involuntary resistance），我辨識出來，此乃天主在我內的直接行動，剝除另一層面的「安全」，甚至更進一步地使我與祂的共融單純化。此種抗拒必須被忍受，以一種陌生的方式；但它卻是唯一最真誠的回應，答覆那些既不了解，又不知道如何開始去期待的什麼。這不再是完全的反抗，因為我由經驗得知，像這樣無助和黑暗的極苦時候，往往引領我達到更深的真理。雕刻家需要石頭的抗阻，方能從石頭上刻出他看到的形像。

活動過度、分心走意、抗拒⋯⋯，這些因素保證我與天主合一的有意識時間絕不會拖太長。然而，就在所有看似阻礙的浮面底下某處，與主合一的真實關係持續不斷，化為整個生活的意義和內涵所在，無論這是如何捉摸不定，難於理解。

我與天主同在[3]

我明白，如果想要表達如此單純又微妙的事，就是用言語設立障礙。對那只能間歇、快速地瞥見而不能捕捉和把握的事，我似乎將之具體化了，即使我是為了要解釋清楚。

我之所以決定寫這一章，唯一的理由是，我認為好多人低估了他們的祈禱，竟至連不會阻礙自己和天主相遇的祈禱，也加以輕視。如果在祈禱的時間，我們所能做的就只是「在」那裡，那麼，我們必須滿足於坐在那裡，就只是「在」那裡。

在那裡，處於那個時刻，天主與我們分享祂的神聖尊稱：我在（I AM）（**譯按，思高聖經譯為：「我是自有者」**）。我們正處於受造與非受造間的界面中。在這裡，天主的愛能夠充滿並淹沒我們

3. 譯按：本節的標題「我與天主同在」（I am with I AM）英文大寫的 I AM，意指天主，祂是自有的，是一切存有的根源。參閱《出谷紀》三章 13~15 節。

整個人，凡我們還用來盤據自我，以及對天主徒具觀念和假想的一切，天主的愛將為之掃除淨盡。到那時，推動耶穌整個塵世生命的渴望，開始在我們身上落實：「父啊！祢所賜給我的人，我願我在那裏，他們也同我在一起。」（《若望福音》十七章24節）

第4章

默觀的使徒工作

我們不難了解，一個人參加禮儀祈禱時，是以全教會的名義祈禱，所以，甚至連祈禱團體之外的人也聯繫起來。我們也明白，為人代禱時，是為別人而成為中介，像這樣的祈禱，我們可視之為一種使徒的祈禱。然而，最親密又最個人模樣的祈禱——默觀呢？在獨居中與天主共融的人，又怎麼會是個使徒呢？

「使徒」是蒙派遣宣揚天國福音的人，然而，福音能夠在靜默中被大聲地宣報嗎？是的，確實能夠。宣道和教導是公開地傳揚天國，然而，惟有在個人內心真實地建立天國，讓天主開始為王，才能充分圓滿地發展，達到天主享有至高無礙的主權。容許天主完全自由地進入我們的生命，並占有我們，就是成為純真的福音使徒，即使是靜默的。

默觀者是一位使徒？

十字若望

十字若望喜愛用窗子作比喻，解說他所教導的默觀[1]。他比喻行走祈禱之路的人，有如窗子，神性的太陽穿透窗戶，放射光輝。處在主動和被動的淨化之夜，就是漸漸除掉障礙物，使陽光照得進來，窗子變得愈來愈透明，容許天主的熾然光輝進入，以其光明和溫暖充滿整座屋子。天主之愛的光芒，總是傾瀉光明，照耀人性的房屋，不過，惟有透過開放和接納的心，光芒才能貫穿內部。

1. 參閱《攀登加爾默羅山》2・5・6；2・14・9；2・16・10；《黑夜》2・8・3～4；《靈歌》26・17；《愛的活焰》3・77。

亞味拉的大德蘭

大德蘭在這真理上的信念，引導她鼓勵一小群默觀的女子，完全獻出她們的生命，服務聖教會。處在十六世紀歐洲好戰的氛圍中，當基督徒的領袖謀求用武力對抗改革派的威脅時，大德蘭將她的隱院比喻為作戰時的堅城要塞。被包圍的君主能以之為作戰的據點，並信賴城內人民的忠貞，此乃意指

絕不會被征服。換句話說，她相信祈禱中的隱修女，能更有效地堅強危機中的教會，勝過軍隊的武力（參閱《全德之路》3・1）。

大德蘭更進一步地說，默觀者是旗手，既沒有武裝，又容易受傷，卻帶頭在軍隊的前面（她還是使用戰爭的比喻）。旗手並非實際作戰的人，而

是團結在君王旗幟周圍的軍隊，「如果他放下旗幟，戰爭就輸了」（《全德之路》18．5）。對於獨居祈禱的人，大德蘭以此方式，賦予極其明晰可見的形像。

里修的小德蘭

小德蘭用的是另一個比喻，或許更吸引人，也更適合我們，她那著名的自白：「在慈母教會的心中，我將是愛。[2]」她充滿著使徒的渴望，自覺彷彿無力達成，深思細想之餘，發現身體的活力在於

2. *Story of A Soul*, op. cit., p.194.

心臟的隱藏功能，於是，小德蘭覺悟出來，做為一個默觀者，她的聖召是透過基督的奧體，保持愛的活力，不停地跳動（在今日，我們意識到所有人之相互連結，因此願延伸這個比喻，包括全人類的奧身）。

教宗保祿六世深明此理，他寫道：「如果缺少默觀的靈魂，如果他們的生活脆弱無力，或意氣消沉，整個神祕奧體的活力，會自動地減少。」教宗若望保祿二世也持同一看法，當他向默觀者致辭時，呼籲說：「處在教會心臟中的妳們，要和我在一起，要靠近我。」

在使徒關懷中成長

接受太陽照射，散發光輝的透明窗子；軍隊向前衝的旗手；隱藏的跳動心臟，輸送血液遍及全身⋯⋯這些畫面都不是個人化的靈修，也不是平平安安地，著迷於天主的私人經驗。更好說，它令人想起的是一份敏銳的知覺，有時是極度痛苦的知覺，意識到自己對別人負有責任。

許多人認真地投身於自己的祈禱旅程，追求的只是更深的靈修生活，以便尋覓與天主更親近的關係。至於「是否有益於他人」，這個問題打從一開始，根本就沒有出現過。這是真的。大德蘭最初修道的動機，也只是熱切地渴望拯救自己的靈魂。不過，在祈禱的道路上，走不了多遠，必會發展出一種知覺，意識到所有天主子民的相互依存，這會引發深度的傳教使命感。

當我們與天主的結合加深，我們知道，自己是和屬於天主的萬有合一的。我們被帶入愈來愈徹底的同化，認同教會和全世界的危

急和痛苦、希望和奮鬥，我們彷彿更深入基督的祈禱和自我奉獻，基督祂「愛了教會，並為她捨棄了自己」。

這條祈禱的發展路線，在大德蘭的生活中，我們非常清楚地得到印證。因為她為我們記述了連續性的階段過程。首先點燃她的渴望，切願更真誠活出加爾默羅會聖召的是，她了悟那要給她的、永遠離開天父的可怕痛苦。由於害怕這個噩運，導致她熱望幫助別人，免遭相同的下場。「我確實認為，即使為了從令人毛骨悚然的折磨中，只救出一個靈魂，我也甘心情願忍受許多的死亡。」（《自傳》32．6）她熱切地想要「獲知，有什麼方法或方式，能使我為這麼多的罪惡做補贖，及該做些什麼來獲得這麼多的益處。」（《自傳》32．8）這份切盼，帶領她創立亞味拉聖若瑟的小團體[3]。

大德蘭的《全德之路》開宗明義說到，準備創立隱院之時，歐

3. 參見《聖女大德蘭自傳》。

洲新教的發展消息擴大了她關懷的眼界。她徹悟教會合一的碎裂，即是侵害她心愛的基督本人，她殷切盼望，「既然祂的敵人這麼多，朋友這麼少，這些極少的朋友該是很好的朋友」（《全德之路》1．2），她個人的利益已不重要。她寫道：「就算經由我的祈禱，我只能拯救一個靈魂，而為此我卻必須留在煉獄中，直到世界末日，那又有什麼關係？」（《全德之路》3．6）

幾年後，大德蘭得知新世界[4]的人完全不認識基督，她的使徒熱誠更猛烈地燃燒起來。她形容自己「極度憂傷」，而且「時時處處滿懷如此強的痛苦」，她向上主呼喊，祈求賜給她方法，好能做點什麼（《建院記》1．7、8）。她承認，得到授權建立祈禱的隱院，是上主的垂允。她多少體會得出來，她的修會在西班牙的擴展，已經蘊含著美洲無數靈魂的皈依福音。

4. 新世界指的是美洲大陸，以哥倫布 1492 年抵達巴哈馬群島的華特林島為起點。

使徒的性質

在恩寵和祈禱的掙扎中回應天主行動的人，必會經驗到這種發展：對於靈修有否進步的牽腸掛肚，慢慢會讓步，取而代之的是，徹悟一個人之被吸引，進入神性的親密懷抱，不單是為個人而已。一位使徒，即是蒙派遣傳達訊息的人，他受委託的第一個訊息，就是邀請人在祈禱中，進入與天主的深度關係；也就是說，這樣的親密是全部意義的所在。堅定不移地獻身於祈禱，證明人心所渴望的圓滿和最後的答案是天主，而且天主親自渴望我們，給與每個人與祂親密相遇的經驗。

大德蘭甚至希望她的修女們，積極地鼓勵與之所交往的人，幫助他們努力並恆心修行祈禱，好使他們也能經驗祈禱的恩惠：「他們若有這個傾向，也稱得上朋友，要努力消除他們的害怕，幫助他

們開始踏上如此美好的道路。……提醒某些靈魂尋求這個好事，妳們從上主得來的，不是個小小的恩寵。」（《全德之路》20．3、6）十字若望在描述祈禱的最高境界——神婚——時，表露自己的熱心程度，他用以下的衷心祈禱做為結束：「願眾信者靈魂的新郎，最甜蜜的耶穌，樂於帶領凡呼求其聖名的人，達此榮福神婚。」（《靈歌》40．7）

與基督的祈禱結合

《天主教要理》更深入地省思默觀祈禱的使徒性質：默觀祈禱就其使我們參與基督的奧蹟而言，是與基督的祈禱結合（#2718）。基督奧蹟的中心，即是祂與聖父持續不斷的共融。正是這個共融，不停地推動並支持祂承行聖父的旨意，而眾人都應經過祂達到永生。由於看到基督大清早悄悄離開房屋，只為找出時間和空間，單獨和祂的父在一起，默觀者因此也蒙召，進入同樣深奧、孝愛的關係。那些靜默的順服引導祂，正如引導我們，走向十字架：「這是純潔心靈的十字架，是基督神貧的赤裸。」（《攀登加爾默羅山》2．7．5）參與基督的奧蹟，這是什麼意思呢？豈不就是進入祂的死亡和復活的逾越，而後達到新生命嗎？十字若望不給

我們任何疑慮，肯定這正是祈禱之旅帶領我們抵達的所在。他提醒我們，兩位要求坐在耶穌左右邊的門徒，將要飲祂的爵，而且「這個杯爵就是死於自我的本性」（《攀登加爾默羅山》2．7．7）。若望繼續說：「因為我已經說過了，基督是道路，以及，這道路是在我們的感官與心靈死於我們的本性，我願意說明，為何這是效法基督。因為祂是我們的榜樣與光明。」（《攀登加爾默羅山》2．7．9）

感官和心靈的痛苦與釋放之夜，使人效法基督的死亡，同時導致更豐富神性生命的注入，也因此，神性的生命能更自由地在我們的世界中流動。若望毫不猶豫地認為，默觀者的這個艱難工作，和耶穌的救贖工作是同一的——「祂完成了生命中最大的工程……祂帶來了天主與人之間的和好與結合。」（《攀登加爾默羅山》2．7．11）

愛的共融

《天主教要理》的下一節說：默觀祈禱，就其同意留在信德的黑夜中而論，是愛的共融，它會將「生命」帶給眾人。（#2719）修行默觀祈禱的人，同時也是與天主和眾人共融的人。在他的心內，結合著兩個強勢的力量：天主聖愛的吞噬烈火，及人性對愛和被愛的饑餓。天主的深情熱愛之占有他，並非只為他個人而已。他必須傳給別人，就像瀑布底下的岩棚，接受急流的第一個衝擊，泡沫四濺，飛散出低段的小瀑布，流瀉遍及下面的岩石。

真福聖三麗莎以很單純的方式修行這個傳遞，她在寫給朋友的信中解釋：「我舉起眼目，注視天主，然後目光下垂看著你，把你呈現在祂愛的視線下。」[5]

5. Letter 310, in *Complete Works of Elizabeth of the Trinity*, vol. 2, Washington, DC: ICS, 1995, p. 327.

這位小加爾默羅會士，度著靜默和隱藏的生活，強烈的使徒意識洋溢在她的信和避靜筆記中，她寫給一位年輕的司鐸說：「我願偕同你，成為使徒，從我加爾默羅獨居的深處；我願為天主的光榮工作，為此，我必須完全被祂充滿；那時，我將成為全能的……[6]」此外，在將臨期她寫給另一位司鐸朋友：「火難道不是愛嗎？我們的使命，豈不也是藉著與祂的結合，預備上主的道路嗎？祂就是聖宗徒所稱呼的『吞噬烈火』，在祂觸及我們靈魂之際，我們會變成宛如愛的火焰，燃燒達及基督奧體，即教會的所有肢體……[7]」

將生命帶給眾人

無疑地，麗莎在這方面受到十字若望教導的影響；若望同樣把火和愛劃上等號。當他述說祈禱的旅途時，他說在神性之愛——我

6. Letter 124, 同上 , p.53.
7. Letter250, 同上 , p.233.

appy 50th Anniversary Happy

們得救贖的根源——的行動下，當貧乏的人性之愛逐步漸進地強化和得到淨化時，他聯想到：木頭慢慢地焚化成火。火焰最先燃燒樹皮，然後燒到更深處，最後達及最中心，所有阻止火勢的一切全被摧毀。木頭終於完全被火焚化，成為火本身，像火一般，發出相同的光與熱，完全沒有兩樣：這是「一道愛的火焰」，默觀使徒的圓滿性由此湧現。

若望毫不遲疑地宣稱：「少許這樣純潔的愛，對於天主和靈魂都是更為寶貴的，且更有益於聖教會，即使看來人好像無所事事，實則遠勝於其他所有工作的總和。」（《靈歌》29．2）

本書作者於2019年歡慶入會五十年金慶留影。

若望自己是個忙人，他常必須忙於那些「其他的工作」。他的觀點是「真能完成善舉的，惟有天主的大能」，除非天主的大能在我們內運用自如，我們的活動所「完成之事微不足道，有時根本一事無成」（《靈歌》29．3）。《靈心城堡》的最後幾頁，大德蘭再三反覆地說，她確信祈禱的整個目標在於，有能力服事我們周圍的人，不過，我們的行動之所以有價值，是因為已經有了打好基礎的愛。

為此，若望說，《靈歌》中的新娘能夠吟唱：

我靈已專心致志，
用盡豐盈秉賦為祂服務；
羊群已不看守，

雜務也沒有，

現在，惟獨愛是我專務。

（《靈歌》第二十八詩節）

或者，如小德蘭，她會單純地說：「我的聖召就是愛！[8]」在她的信德之夜裡，天主已備妥她來達成這個聖召，就算被列入罪人的名單中，她以他們的名義祈禱，為的是能在不信神的人群中，生出天主的愛。

與天主的旨意結合：愛的豐收

默觀祈禱的果實是一顆廣闊的心，大到足以擁抱宇宙。若要與天主的愛如此親密合一，就得效法瑪利亞的榜樣，將默觀祈禱通傳

8. *Story of A Soul*, op. cit, p.194.

給人。瑪利亞是「攜帶天主者」（God-bearer, *Theotokos*）[9]，置身於服事天父救贖的聖意，在「把生命帶給眾人」之前，在愛的共融中，瑪利亞其實是直接和天主聖言相遇。

天主是愛，祂造生我們，使我們變成愛。使相愛結實纍纍的不是感情的力量，而是意志的結合。大德蘭和十字若望觀點一致，給「與主結合」下定義時，都將之界定為天主的旨意和人的意志成為一個。「當天主與靈魂雙方的意志合一時，此超性的結合才會存在。」（《攀登加爾默羅山》2．5．3）大德蘭則向我們保證：「這個結合（契合天主旨意的真正結合）是我畢生所渴望的，是我經常向上主祈求的結合，這也是最清楚和最安全的結合。」（《靈心城堡》5．3．5）這個意志的完美和諧，也就是一起湧流出愛的能量，至極的生殖力。「枝條若不留在葡萄樹上，憑自己不能結

9. *Theotokos*，希臘文，是對耶穌的母親瑪利亞的一個敬稱，東正教較為常用。

實……那住在我內，我也住在他內的，他就結許多的果實……我父受光榮，即在於你們多結果實。」（《若望福音》十五章4、5、8節）

和天主的旨意合一，即是完全順服天主的渴望。天主的渴望是願意「所有的人都得救，並得以認識真理」（《弟茂德前書》二章4節）。在我們靜默的深處，終於從個人的事務中獲得釋放，充滿了切盼，我們的生命會真的結出果實，進入天父的光榮。

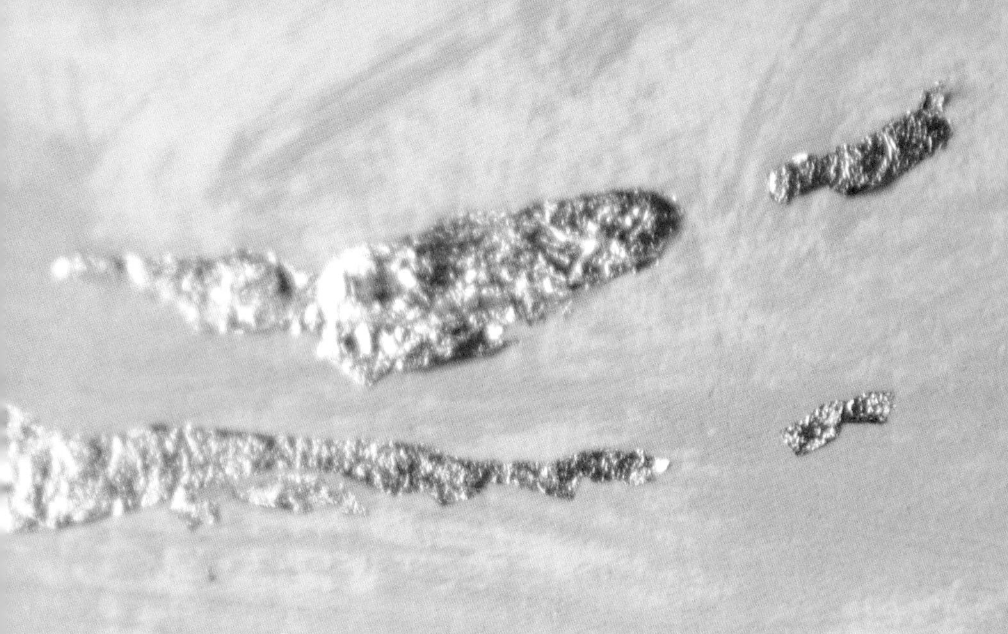

跋

加爾默羅是花園

從聖經時代到加爾默羅修會開始的中世紀，其間有充足的證據顯示，加爾默羅山是個美麗且果實豐饒的地方。「加爾默羅」（Carmel）這個名稱的意思是「果園」（orchard），或「花園」（Garden-land）。在加爾默羅會士的著作中常會出現花園的比喻：大德蘭，以四種灌溉花園的方式，來描述祈禱的不同成長階段。在十字若望的《靈歌》中，天主與靈魂之間的神婚是在一座花園裡完成的。里修的小德蘭自認為是天主花園中的一朵「小花」。所以，當我停下來深思細想，加爾默羅這個祈禱的地方對我有什麼意義時，我的思想在花園內漫步，或許，這也不會令人訝異。

JESUS

寒冬中的花園

花園是花草樹木成長的地方，不像叢林般密集孳生，而是有良好的整理和培育。在一座花園裡，即使到了看似了無生氣的冬天，也總有著生命的氣息。聖誕節過後，嚴寒刺骨的日子裡，我走向所住隱院的花園，下到僻遠又潮溼的角落，那裡正瀰漫著一股沁心甜蜜的芳香。一大片冬季的天芥菜（heliotrope）繁密地綻放，佔滿了人跡稀少的泥巴路。肥肥厚厚的枝莖，個個頂著團團花朵，稱不上美麗；淺淡的紫色，灰暗的色調，彷彿只為了襯托去年枯萎的雜草叢。雖然如此，我不曾知道，有什麼炎夏的花朵，能散發出如此濃烈的芬芳。

過遠一點有數個起伏的小丘，其中有個小丘的另一側，栽植一叢榛樹。元月天的園中漫步，我也常在此留步一會兒。寒風吹動禿枝，嘎嘎作響，幾乎不期然地，枝頭上的軟毛花穗飄落，掉到那正等待著，像小紅星般的雌花內。早在果樹長滿嫩芽之前，新生命已經在禿枝間展開了。

前行來到花園的中央，兩棵聳立的萊姆樹，當中有間簡樸的「獨居室」，我駐足於屋前。在此，叢叢的冬季附子布滿耀眼的斑點，覆蓋的白雪，掩不住點點凸出的花兒，彷彿大自然要為寒冬打氣，擺設小小的茶會，鋪上潔白的桌布，在翠綠的茶墊上，放上她的金杯。這個景緻是個明顯的確證，擔保春天就要來了，有一天，它將會是一簇簇的黃水仙。

這些小小的奇觀——芳香、繁殖、冬季中旬的彩色——全是短暫的生命，轉瞬即逝，所以有必要在微暗的天空下，穿著長筒靴，每年來一次特別的巡禮。不過，處於我自己加爾默羅的寒冬期，每當我佇立在這些景觀前，無不令我心神高舉。我認為，加爾默羅靈修傳統的一個卓越貢獻，是在我們的生活中設置了什麼都沒有，什麼都失去及放開一切的環境；這一切彷彿是負面的，在我們追求天主方面，這甚至是個死亡的舉動：十字若望說「夜的旅程」，小德蘭說「小道」，大德蘭則說「藏在繭中的蠶」。

當我們感到相當迷失、虛弱，並且絕對不像我們熱切希望的那樣時，生活一切如其所是；然而我們一再擔保，這卻是我們成長達及天主不可或缺的：只有在我們的冬天，花兒才會盛開。

到了春天

附子草過了，又過了雪花蓮和黃水仙的花季，到了晚春，萊姆樹後的斜坡上，逐漸爬滿櫻草。小草單純的模樣和色澤，讓我聯想起加爾默羅的開始，當時天主的召叫仍然新鮮，理想尚未遭受考驗。那時，滿是希望、熱情和對天主的承諾，但這也是踏入未知境界中，不確定的一步，初期的結果可能令人倉皇失措。

修院的頂樓，一個個完全相同的窗戶並排列著，這是每一位修女的斗室。

我們中許多人來到加爾默羅會時，已經對生命中的傷害有了很好的防衛，她們帶著相當討人喜愛的面貌而來。然而，在隱院禁地的靜默中，長期沉寂的喊叫聲很容易再度被聽見；小心翼翼建造的柵欄，也防止不住這一位天主——祂已在其內接受這個真實的人——只尋求引領他認識並接納這個真實。

當一向熟悉能巧妙處理生活的方式不見了，而埋起來的痛苦再度浮現時，這些都能夠造成滅頂的驚慌失措及混亂不安。（心理）治療中心常出現一句警告人的話：「真理會使你自由，不過，開始時，它會像任何事物一樣傷害你。」有些人必須以較不強烈的另一條人生道路，繼續走這趟進入真理的旅途。有些人依然曝露在天主熾燃的注視下並保持初衷，獻身於靜默祈禱，以之達到靈性的圓熟。然而，加爾默羅花園沒有邊際，所有的道路都繼續地前進，走向在

天主內的自由。我從未見過櫻草凋謝，望見的只是夏天周圍的草長高起來，它們就隱沒不見了。

死亡的時刻

櫻草小丘的對面，曾有一棵高大的黃金柳。這可不是郊區那種整齊的圓球型，而是水邊變化萬千的柳樹，枝條飛舞，彷彿小瀑布，豪放不羈。老樹

1. Lancashire，譯按，英國英格蘭西北部的郡名。

的枝幹中空，有隻野鴨每年來此築窩（至於母鴨怎麼帶領剛孵出的毛絨絨小鴨，下到花園找水，舉行首次的巡禮，我們從來沒有看見過）。有天夜裡，隱院沉沉入睡，巨大的樹倒在地上，無聲無響，我們什麼也沒有聽見；倒地的樹沒有損傷什麼，樹枝四面張開地倒下，很像加爾默羅會士於發願日俯伏在地，為斗篷覆蓋著。黃金柳優雅的死亡，不禁令人回想起加爾默羅會士的死亡方式，沒有吵鬧，沒有戲劇性。

我曾坐在很多位修女的臨終病床邊，很少看到身體或情緒的悲痛。這些修女經過長期緩慢的淨化，已經靠近圓熟之境。對我們來

說，如果由於年老的限度或個人的特質，她們與主結合的深度常是隱而不見的，那麼到了她們「離此世歸父」（《若望福音》十三章1節）的時候，就會以完全自然的方式放射出來。舉個例子就夠了。有位蘭開夏[1]的老修女，非常平靜地躺著，雙眼虔誠地閉上，團體圍繞著她，誦唸助善終禱文。大家離開後，有位修女留在她的床邊，老修女張開一隻眼睛，頑皮地看著她的同伴，問說：「當我快要死的時候，看起來像什麼？」修女答道：「非常可愛！」「喔！不要在這點上使我虛榮」，臨終的老修女咯咯輕笑：「我會被扣掉一！」次日清晨，她過世了，就像其他這麼多的修女，在臨終的一刻除了寧靜地呼吸最後一口氣，沒有什麼別的記號。

當老柳樹死去時，鋸樹的人來了，鋸掉樹枝，把木頭堆在碎裂的樹墩上，燃起大火。第二天，只剩下一圈灰燼當中的小木炭堆。

1. Lancashire，譯按，英國英格蘭西北部的郡名。

大約過了十五年，黑炭殘屑中冒出了嫩芽，小芽快速成長，如今又是一棵細長好看的黃金柳，向著空曠之地，投出嫩綠的柳枝。大自然的故事無須加上註解。

園丁的屋子

從花園的這個角落可清楚望見，隱修院

朝西的長長正面背後，高高地聳立著鐘樓。加爾默羅日常生活的韻律在此展開，工作與祈禱互相接續，宛如預知的舞步。規律的生活程序，隨著禮儀週期生動地變化，彷彿四季的轉換染上不同的色彩。這是加爾默羅的根本實質。一再重覆的平衡模式，展現出加爾默羅會士的風格：單純和寧靜是不斷祈禱的根基。總之，那是理想，祈願常能順利地實現！

修院的頂樓，一個個完全相同的窗戶並排齊列，這是每位修女的「斗室」。斗室（cell），引申自蜂巢的小蜂窩，而非指囚房[2]。這個她的「獨處之地」，確保她享有默觀生活需有的獨居。斗室走廊的開頭是修女的經堂，或說祈禱的地方，和外界的聖堂相連接。斗室底下是團體生活的房間和會議室。團體在這些地方共同祈禱，一起散心，也一起省思和分辨。不過，在斗室內，每個人單獨與天

2. 譯按：英文的 cell 有許多意思：小室、蜂窩、單人囚房、細胞等等，所以作者在此特做申明。

主共處，隨時聽候天主聖愛的行動，逐漸地喚醒她達到真理。

每位加爾默羅會士的斗室，都持續地進展著皈化（歸向天主）的故事。四面空牆見證了掙扎和反抗的時刻，「有祂，免得我必須與空無為伴！[3]」面對個人的軟弱與不足，斗室庇護了近乎絕望的孤單時刻。會士總會夢想著，不必徹底回應那永不沉靜的聖召呼聲，而斗室便堅定地蘊含著此種毫不停歇的精神。斗室是「日常作息」綿延不斷的歸宿，居處斗室使人曉悟何謂專注於天主的生活，並在萬事中歸向天主。斗室也保護恩寵的時刻：答覆天主的信實，及與心愛主的寧靜結合。

一旦徹悟加爾默羅獨居隱修的根基，斗室的培育使祈禱和自我奉獻的生活得以逐漸發展，其所結的果實是，更深地意識到天主臨在於人存有的中心。加爾默羅會士對其與天主生命合一的成熟認知，

3. "Lest, having Him, I must have naught beside." From *"The Hound of Heaven"*, in *The Works of Francis Thompson: Poems, vol. 1,* London: Burns, Oates & Washbourne, 1913, p.107.

以一種可能的單純方式，洋溢在她的工作、祈禱、人際關係、以及個人的追求中，而這一切是以一種高度的覺知和留神被碰觸到。這樣也會促成要求不斷精益求精。基督的光明和祂的福音，達及生命的更深層面，洩露每一個自私自利、自我保護的模樣——到此地步，即使仍然痛苦，終究樂意地接受，視之為獲得釋放。的確，這是至極的自由，一個人毫無畏懼，真真實實地站在天主真理的奧祕前。人的心靈多少饑渴著這事，一直不斷地渴望基督的許諾會完全落實：「當那一位真理之神來到時，祂要把你們引入一切真理。」（《若望福音》十六章13節）我以為所謂加爾默羅的本質，對我而言乃在於此，其整個靈修教導不外就是肯定並支持：追求真理是人生的中心探索。加爾默羅無非是在這方面成長的園地。

關閉的花園

之前我已說過，加爾默羅花園沒有邊際，然而，我漫步的花園，卻圍繞著廿二英呎的高牆！這個龐大的邊界，有效地圍護隱院，在倫敦的市區中，確保維持祈禱生活的退隱。這也象徵內心的關閉花園，如果祈禱和內修的精神要有所進展，生活中的每條路都必須受到維護。

對禁地內的加爾默羅會士而言，畢生退隱的修行所創造出的「生態系統」（ecosystem），使這個較稀少的聖召能欣欣向榮。在速度及噪音不斷增加的這個時代，由於敵對默觀精神的一個「趨勢改變」，禁地變得更是格外需要。然而，退隱並非建造一個保育

區，保存某類瀕臨絕種的動物！加爾默羅會內有充足的生物多樣性（bio-diversity），顯示其神恩的健壯，當環境改變時，仍會繼續呈現修會的精神。的確，當我們向前邁進廿一世紀時，催促加爾默羅隱修女的一個工作是，接納古老時代的看法，反省教會在理解教會本身上的發展，然後再做相稱的轉換，應用在理解我們處於教會內的地位。加爾默羅屬於教會，也屬於今日的人。

豐收的花園

如果一個人達到祈禱生活的極境，委順地投入天主的親密擁抱，致使她不怕承認自己的真實，那時，她終於得到釋放，為天主的光榮，在與基督的結合中，自由地完全奉獻自己。這其中還包括自獻於所有屬於天主的一切。這事表達在關心地為人代禱、真誠的同情

和樂意服務他人。在《靈心城堡》最後一章中，大德蘭為她的修女描述靈魂進入君王居住的最深住所，其涵義的關鍵字不是「極樂」（bliss），而是「服務」（service）。加爾默羅花園的果實，是供給每一個人的，它的道路直指人心。

長久以來，加爾默羅一直是我的整個生命，因此，很難充分地追溯，以之確認對我來說最有意義的方面。我可能在花園走了完全不同的路線。我只不過沿著最愛的路走，並分享所得的聯想。然而，無論流連何處，我想主要的觀念已經點出：生命、成長和真實，也蘊涵吸引人經由愛而豐收的邀請。

加爾默羅山

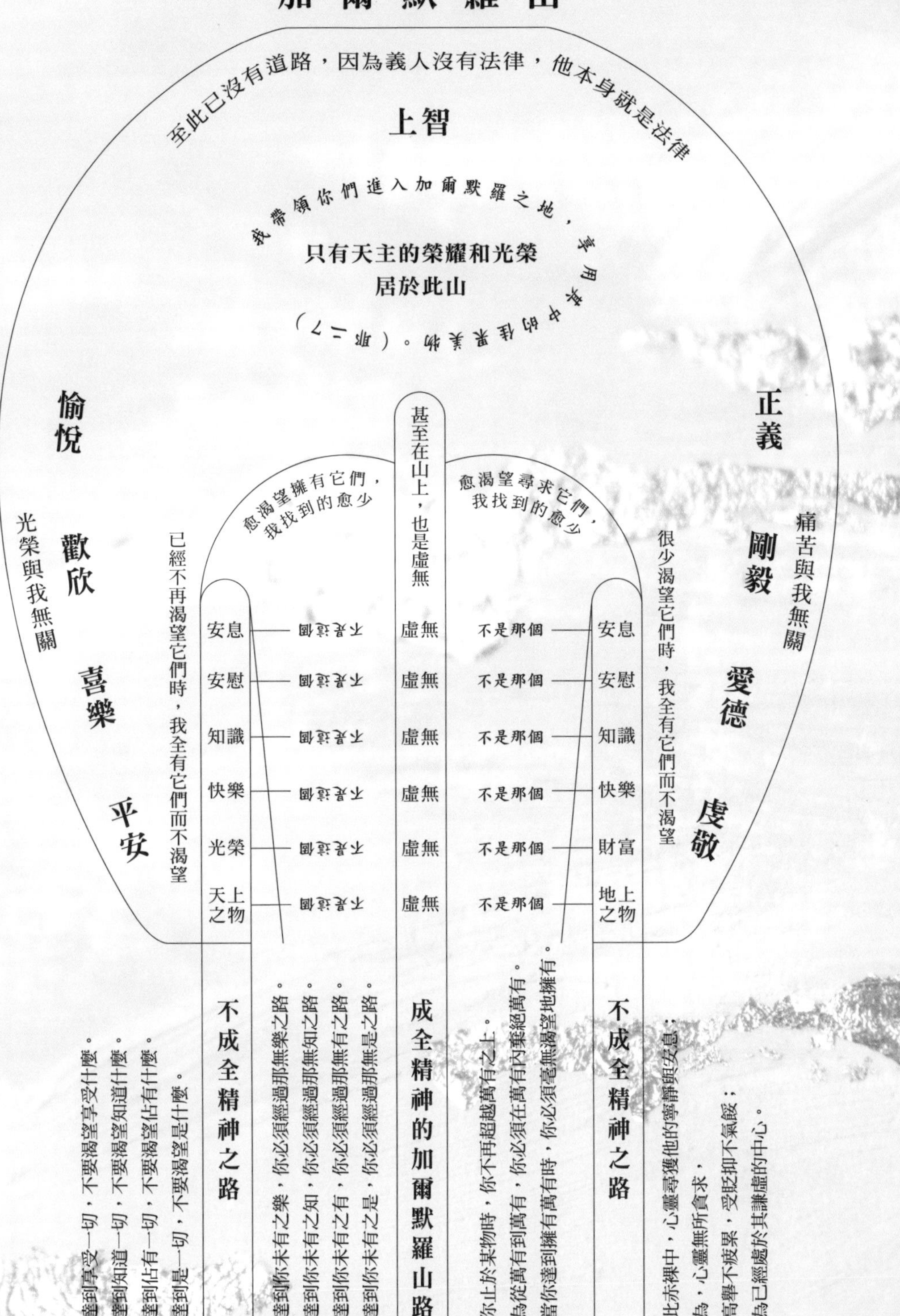

至此已沒有道路，因為義人沒有法律，他本身就是法律
上智
我帶領你們進入加爾默羅之地，享用其中的佳果美物。（耶二7）
只有天主的榮耀和光榮
居於此山
愉悅
歡欣
喜樂
平安
光榮與我無關
已經不再渴望它們時，我全有它們而不渴望
正義
剛毅
愛德
虔敬
痛苦與我無關
很少渴望它們時，我全有它們而不渴望
愈渴望擁有它們，我找到的愈少
甚至在山上，也是虛無
愈渴望尋求它們，我找到的愈少
安息　不是這個　虛無　不是那個　安息
安慰　不是這個　虛無　不是那個　安慰
知識　不是這個　虛無　不是那個　知識
快樂　不是這個　虛無　不是那個　快樂
光榮　不是這個　虛無　不是那個　財富
天上之物　不是這個　虛無　不是那個　地上之物
為達到享受一切，不要渴望享受什麼。
為達到知道一切，不要渴望知道什麼。
為達到佔有一切，不要渴望佔有什麼。
為達到是一切，不要渴望是什麼。
不成全精神之路
為達到你未有之樂，你必須經過那無樂之路。
為達到你未有之知，你必須經過那無知之路。
為達到你未有之有，你必須經過那無有之路。
為達到你未有之是，你必須經過那無是之路。
成全精神的加爾默羅山路
當你止於某物時，你不再超越萬有之上。
因為從萬有到萬有，你必須在萬有內棄絕萬有。
而當你達到擁有萬有時，你必須毫無渴望地擁有。
不成全精神之路
在此赤裸中，心靈尋獲他的寧靜與安息；
因為，心靈無所貪求，
受高舉不疲累，受貶抑不氣餒；
因為已經處於其謙虛的中心。

國家圖書館出版品預行編目資料

走進倫敦諾丁丘的隱修院：體驗加爾默羅會傳統的祈禱 / 瑪麗.麥克瑪修女（Mary McCormack OCD）著；加爾默羅聖衣會譯.
--二版, -- 臺北市：星火文化, 2020.02
面； 公分．（加爾默羅靈修；20）
譯自： Upon this mountain: prayer in the Carmelite tradition
ISBN 978-986-98715-0-1（平裝）
1.天主教 2.靈修 3.祈禱

244.93 109000094

加爾默羅靈修 020

走進倫敦諾丁丘的隱修院：體驗加爾默羅會傳統的祈禱

作　　者／瑪麗．麥克瑪修女（Mary McCormack OCD）
譯　　者／加爾默羅聖衣會
執行編輯／陳芳怡．徐仲秋
封面設計／neko
內頁排版／neko
總 編 輯／徐仲秋

出　　版／星火文化有限公司
台北市衡陽路7號8樓
電話（02）2331-9058
營運統籌／大是文化有限公司
總 經 理．陳絜吾
業務經理．林裕安
業務專員．馬絮盈
業務助理．王德渝
行銷企畫．徐千晴
美術編輯．張皓婷
讀者服務專線（02）2375-7911分機122
24小時讀者服務傳真（02）2375-6999

法律顧問／永然聯合法律事務所
印　　刷／韋懋實業有限公司

■ 2020年2月二版
ISBN 978-986-98715-0-1
Printed in Taiwan
定價300元

Upon This Mountain by Sr. Mary McCormack OCD
本書中文版內文由Sr. Mary McCormack OCD、圖片由Sr. Luke OCD授權